新潮文庫

悶々ホルモン

佐藤和歌子著

新潮社版

9175

目次

悶々ホルモン

部位1

女が一人で肉を焼くとき

ほるもんのうた

手ぶらで生きる動物の
はらわた旨《うま》し秋の空
レバ刺し一皿七十円
家賃は七万八千円
原稿一枚四千円

名前を持たない動物の
はらわた光る名月や

人一人いない野っ原で
食べることだけ考えて
死んだ前世の夢を見る

私を知らない動物の
はらわた探る一人旅
外道という言葉を遺《のこ》し
あの日別れたあの男
肉を焼くのが上手《うま》かった

一人焼き肉常連です、と言っては編集者の同情を誘い、仕事を貰《もら》っている二十六歳独身女性ライターです。正直、ある店と出会うまでは、まさか自分が一人で焼き肉屋に行くホモサピエンス（メス）になるとは思いもしなかったのですが、来し方を振り返るに、来るべくして辿《たど》り着いてしまったと言うべきか。女が一人で焼き肉屋に行く時、それは、男に失望した時。同時に、女としての自分に失望した時なのです。

別に男嫌いなわけではないのですが。日々の生活の中で、男に、楽して稼いで羨《うらや》ましいと皮肉られ、男を育てる発想がないと嘲笑《ちょうしょう》され、彼女にしとくのが勿体《もったい》ないと言ってふられる。言わせる方が悪いのだ、大した意味はないのだから聞き流せばいいのだと、一生懸命自分をナダめます。ナダめた後にふと思うのです、癒《いや》されない……。石器時代の女性が、自分の肉は自分で確保せねば、と奮起した図をご想像下さい。男ではない、もっと確実な癒しの装置を自分の外部に求めた時、女は一人焼き肉に走るのです。

大崎『池上線ガード下物語』、心ひそかに「マイ・ホーム・ホルモン」と呼び習わしている店です。大崎には池上線も通ってないし、普通の路面にあるのですが、移転前は五反田《ごたんだ》の池上線のガード下で営業していたのだとか。高級焼き肉店でもなく、こだわりのオヤジの店という風でもなく、何のへんてつもない、普通の住宅街の焼き肉屋という風情《ふぜい》です。

この店で必ず食べなければいけないのは、「幻のホルモン」と「幻のミノ」、略してマボホル、マボミノ。この二つは塩ダレで味付けしてあります。肉の鮮度に自信がある証拠ですね。内臓は鮮度が命。味噌《みそ》ダレで味付けする店が多いのは、肉の臭みをごまかすためかと思われます。まあそんな面倒くさい話は抜きにしても、マボホルとマボミノの鮮度は、ホルモン素人《しろうと》にもはっきりと見て取れるはず。美しく輝いているのですから。私にこの店を教えてくれたホルモン伝道師からは、「ジュエル」という言葉を授かりました。この肉を表すのに、これ以上的確な言葉はない。

ホルモンを焼く時に気をつけたいのは、一番おいしく食べるために、まずは内側をじっくり焼いて、外側の脂《あぶら》は軽くあぶる程度に留めること。ホルモンというと、内臓一般を指すことも多いのですが、細かくは牛の腸。焼くと内側に丸まって、元は管状だったことがわかります。味噌ダレの色が濃い、あるいは肉の鮮度がイマイチな店だと、焼く前の段階でこの裏表がわからないという、悲しい現象が起こりがちです。しかしマボホルは、一目瞭然《りょうぜん》。内側のピンクと外側の白、実にくっきりしているので、焼く時に迷う必要はありません。

マボミノはサイコロのようなブロック状で出てきます。各面、まんべんなく焼きましょう。時間がかかるので、ホルモンと同時に焼き始め、焼き上がったホルモンを食べながら網の上でミノを転がすのが定石です。

日によって若干差はあるものの、マグロの頬肉、シビレ、レバ刺しもおすすめです。塩ダレが一押しとはいえ、豚ホルなどの味噌ダレもちゃんとおいしい。味付き白髪ネギ、ナムルを肉と一緒に食べたなら、最後はすいとん。塩と脂で極楽を味わった後、日常に帰っていくためのおふくろの味で締めくくります。

この店がお一人様に耐えられるのは、まずは味。一人で焼き肉をして、おいしくないことほど、辛《つら》いことはありません。淋《さび》しさ、悲しさ、恥ずかしさを消し去って余りあるほどの肉を味わえます。そしてカウンター席があり、網も七輪も小さめなので、週末とピークを避けさえすれば、一人でもそれほど肩身を狭くしなくて済む。

自分のためだけに肉を焼く。誰に気を遣うことも遠慮することもなく、じゅくじゅくと脂が爆《は》ぜる様をじっくりと鑑賞し、焼き頃を見計らってベストのタイミングで口に運ぶ。忘れてはならないのは、同じ一皿の中にも際立《きわだ》った一切れというものが存在すること。ジュエルの中のダイヤモンド。一人なら、必ずこれを口にすることができるのですよ。

大体、焼き肉というのは、急に食べたくなるもの。付き合ってくれる人がいないばかりに諦《あきら》めた、そんな経験を誰しも一度はしてるはず。誰かを付き合わせることも、忘年会を待つこともなく、自由に焼き肉屋に行けたなら。少し人生が楽になるとは思いませんか。

自分の文章が気に食わない、罵倒《ばとう》や呪詛《じゅそ》の言葉しか出てこない、友達への最低限の気遣いすらする自信もない。そんな風に落ち込んだ時、私はこの店に一人で行くことにしています。感動が約束されているから。明日は笑っていたいから……。

（二〇〇六年十二月）

後日談：週刊マンガ誌の連載なので、じつは当初、字だけのページは読んでもらえないのではないかと心配してました。そうだ、詩だったら字が少ないぞ！　ということで、大真面目《おおまじめ》に考えたのが「ほるもんのうた」。この時はまだ、自分に対して言い訳が必要だったんだろうな。

池上線
ガード下物語

最寄り駅　大崎
東京都品川区西品川三-二〇-九
〇三-三四九五-七二二〇
一七時〜二三時三〇分　無休

部位2

レバ刺し百円

おいしくてヘルシー。そんなホルモンの売り文句を耳に目にする度に、「ほんとかよ?」、もしくは「だから何なんだよ?」と突っ込みを入れたくなるのは私だけでしょうか。まあ実際、高タンパクな割に赤身と比べてカロリーは約半分で、しかもコラーゲンたっぷりなんだって、へえー(一人二役)。

ちょっと前までは、ホルモンと言えば「うまい、安い」が最大の売り文句でした。というのも「ホルモン」の語源は「放るもん」、正肉を切り出した後の中身部分はほとんどがゴミ箱行きだったということ。フランスや中国で様々な内臓料理が食されてきたのと比べて、日本では、内臓は低所得者層が食べるもの、正肉よりも劣った肉だと思われてきたのです。今でもレバやタンなどの一部の人気部位を除いて、大半のホルモンが捨てられるか、脂製造業者に引き取られていくそうな。

最近わざわざ「ヘルシーさ」が強調されているのは、ホルモンのイメージアップを図りたい食肉産業の思惑か、女性がもりもり肉を食べるための方便なのだと推測されます。しかしね、食べ物を評価する時の基準は、一にうまい、二に安い、三四飛ばして、五に楽しい。私はそう思うのですが、いかがでしょうか。

『池上線ガード下物語』に続いて、最近もう一つのマイ・ホーム・ホルモンとなりつつあるのが、武蔵小山《むさしこやま》の『牛太郎《ぎゅうたろう》』です。二店の使い分けのポイントは、ずばり値段。『ガード下』は大体一人五、六千円くらいなので、強い衝動に駆られた時に行く。その点、『牛太郎』はたらふく飲み食いしても千五百円程度。ちょっくら一杯ひっかけてくるか、という軽い気持ちにこそ相応《ふさわ》しい。自宅から自転車で十五分以内の距離で、この二店に挟まれている、それだけで、私は世界に愛されているような気がします。

たらふく飲み食いしても千五百円などと書くと、小食か下戸かと思われるかもしれませんが、違います。レバ刺し百円、モツ煮込み百円、ガツの酢のもの百円、とんちゃん(豚ホル味噌炒《いた》め)百円、厚揚げ二百円、お新香七十円、レバ、タン、コブクロ、ハツなど串《くし》ものはどれも七十円。酒類も、ブドー酒百円、ワイン百四十円(私はいつも黒ホッピー三百五十円を頼むので、ブドー酒とワインの違いはよくわからない)、メニューを見ているだけで、なんだか勇気が湧《わ》いてきますよ。

見栄《みえ》っ張りなので、一人で飲み食いする時は、決して客単価の悪い客だと思われないように、つい普段以上にもりもり食べ、がぶがぶ飲んでしまうのですが、『牛太郎』ではどんなに頑張っても千八百円を超えられない。この店の平均客単価を下回っているとは思えないものの、店を出るといつも小さな、そして快い敗北感を胸に自転車を漕《こ》ぐのです。

特に嬉《うれ》しいのは、皿ものが充実していること。この手合いの店だと、串ものは百円以下でも、レバ刺しや煮込みは安くて三百円が相場なのではないでしょうか。初めて来た時は、百円という値段に驚き、恐る恐る頼んだものですが、一口食べると、もう『牛太郎』ワールド。レバ刺しさくさく、煮込みはまろやか、ガツ酢でさっぱり。白菜のお新香に七味をちょいちょい振りかければ、それだけでも酒が進む、進む。そろそろ串ものに移ろうかな、でもやっぱりとんちゃんも食べたい！　それと、邪道かな、と思いつつ絶対頼みたいのは、厚揚げ。これが驚くほどふわっとしてるんですよ。こういうホルモン以外の皿で手を抜いていないと、本当にいい店だなあと思います。

皿ごとにまったく味がかぶらない、それに何といっても激安なので、つい色々頼みたくなってしまうのですが、そんな欲張りさんでも大丈夫。一皿の量が多すぎず、少なすぎないのもこの店の美点です。百円だからと云《い》ってちまちま出されたのでは侘《わび》しいし、あんまりたくさん盛られても、その後の串ものが食べられなくなってしまいますから。

実は前回、女の一人焼き肉について熱く語った末、いくら好きでも一人で焼き肉なんて行かねーよ、と担当編集者から突っ込まれてしまいました。そこで、より手ごろな女一人ホルモンの店として、『牛太郎』を紹介してみたのですが、ネットで調べているうちに「一人でこの店に入れたら、どんな店でも入れる」という記述を発見してしまいました。ガーン……。

たしかに、客観的に判断して、女性が一人で入りやすい店とは言えないかもしれません。四時過ぎに暖簾《のれん》をくぐると、年季の入ったコの字型のカウンターには、既にズラリとオッサンが二、三十人。女性客はいても一人か二人、それも夫婦かカップル。改めて書いてみると、けっこう恐ろしい状況ですね。だけど、最初の一回さえスルーすれば、大丈夫。というより、一度この満足感を味わってしまうと、色んなことがあまり気にならなくなってしまう。

店主も忙しいので、なるべく周りの流れに乗って注文するとか、オッサンの視界にとけ込むようにくすんだ色合いの服を着て行くとか（私の場合は大体いつもくすんでるのですが）、多少気を遣うことは遣います。基本は、如何《いか》にも慣れてます、という風に装《よそお》ったり、わざとらしく愛想を振りまいたりせず、「おたのしみのところちょっと失礼します」的な態度を心がけること。これが一番、本人もラクだし、周りの人にとっても不快ではない（と思う）。

まあ、別に無理に一人飯をおすすめしたいわけではないのです。ただ、気に入った店には一人でも通いたくなるし、自慢したくなる、それだけです。しかし担当編集者は何か不憫《ふびん》に思ったのか、このまま延々一人飯について語られたのでは堪《たま》らないと思ったのか、「やっぱ焼き肉は大勢で食べた方がおいしいですよ、次回はみんなで焼き肉に行きましょうね」とのお誘い。ヤッタ！　書いてみるもんだネ。

（二〇〇六年十二月）

後日談：後で唐沢俊一さんに教わったところによると、「ホルモン」の語源は、正しくは「放るもん」ではなく「性ホルモン」。テストステロンとかエストロゲンとか、生殖機能を助ける体内物質ですね。女性解放運動が流行《はや》った時代に、そっち方面に効きそうな食べ物ということで、モツ料理をホルモンと呼ぶようになったのだとか。唐沢さん曰《いわ》く「でも別に『放るもん』でもいいんだよ。語源っておもしろいもん勝ちだから」とのこと。ですよね。

ちなみにこの格安のレバ刺しは、その後、メニューから消えてしまった。

牛《ぎゅう》太《た》郎《ろう》

最寄り駅　武蔵小山
東京都品川区小山四－三－一三
〇三－三七八一－一五三一
一四時三〇分～（土祝一二時三〇分～）不定休

部位3

処女焼き肉

家康《いえやす》に「この世で一番うまいものは何か？」と問われた時、阿茶《あちゃ》の局《つぼね》は「塩にございます」と答えたそうな。私自身、子どもの頃は醬油《しょうゆ》派だったけど、今は、蕎麦《そば》屋のかき揚げに天つゆと塩両方ついてきた場合、迷わずほとんど塩で食べてしまうほど、塩に対する敬愛が深まってきました。

サトウさんは酒飲みだから、と人は言います。しかしながら、酒飲みであろうとなかろうと、人間にとって塩が不可欠であることも事実。水と塩があれば一週間は生きられると云われているではないか。

そのような危機的状況に陥らずとも、深酒をして、強烈な喉《のど》の渇きに目覚めた時、欲しいのは真水よりも昆布茶、昆布茶の塩気がどれほど有り難いことか。それに、人間の血液一リットルの中には、なんと約九グラムもの塩分が含まれているそうですよ。しょっぱいね。何が言いたいかというと、塩、塩にございます！

「焼肉はみんなで食べるもんですよ」

そんなことは知っている。前二回の原稿では、知らないフリをしただけです。その甲斐《かい》あって、

「三回目の取材には同僚も連れて行きます。みんなで焼肉しましょうね」

優しい担当者で、本当によかった。取材当日、担当のKは、後輩のIさん（入社一年目）を連れてきてくれました。お忙しいところ、スミマセン。

向かった先は新宿、『幸永《こうえい》』本店。ホルモン好きなら知らない人はいない有名店ですが、私はこの日が初めて。名物、極《きわみ》ホルモンと、シビレ、とろミノ、サンチュサラダ等を頼んで、ビールで乾杯。おつかれさまで〜す！　私はさっきまで寝てたけどね。

「私、いわゆるホルモンは今日が初めてなんですよ」

「じゃああれだ、ホルモン処女だ！」

下品な担当者で、本当によかった。Iさんは食わず嫌いなわけではなく、単に機会がなかったとのこと。

「てことは、韓国料理系はあんまり行ったことがない？」

「あ、でもユッケは好きです」

生のミンチ肉好きが、ホルモンを嫌いなわけがない。この子はイケル。Kと目が合うと、彼女も同様に確信したらしく、無言で頷《うなず》きます。

「サトウさんはホルモン焼くのうまいから、よく見ておきなよ」

と、極ホルモンの皿を私に手渡すK。私達の間では、二人でホルモン処女を食っちまおう、というワケのわからない暗黙の了解が成り立っていたのです。得意気に箸《はし》を操り、いつもの焼き方を試みようとしたところ、緊急事態発生。肉の裏表がわからない！

「あの、小腸なので、基本的に内側はピンクで、外側が白いんです。でも、ちょっと今日は……」

「すごい真っ赤ですね」

そうなんです、キムチのタレかと思うほど、真っ赤なミソダレに浸《つ》かっているのです。箸で触った感触だと、弾力はあるので鮮度はよさそうですが、これは困った。喩《たと》えるなら、暗闇《くらやみ》でコンドームの裏表がわからない、そんな感じでしょうか。平静を装いつつ、わずかな色の違いと、箸先の感触だけを頼りに、素早く網の上に肉を広げます。

しかしいくつかは、裏表を間違ってしまったらしく、徐々に上向きに丸まってしまいました。判明したところから肉をひっくり返して修正しようと、箸を手放せない私。ごめん、落ち着きなくて……。男のプレッシャーとでも云おうか、うまくリードしてあげられなかった時って、こんな気持ち？

一番上出来と思われる肉をIさんの皿にサーブ。いきなり食べて激辛だった場合を避けるため、自分でも一口食べ、辛くないことを確認。目で合図すると、Iさんは素直に口元に肉片を運びました。ど、どう？

「おいしいです〜。プリプリしてます！」

ほっ。安心したところで自分でもよく味わってみると、見た目ほど刺激的な味ではなく、甘辛のバランスが絶妙。肉も、新鮮な肉だけに残されている、立体感のある歯ごたえが確認されました。なるほど、これなら、新宿・新大久保という韓国料理激戦区で、次々に三つも支店を出したのも納得です。

「じゃあ、次はシビレ行ってみようか」

Kさんからの指令に、再び箸を構える私。いつの間にか指先は、汗と脂《あぶら》でじっとり。

「シビレって何ですか？」

「牛の胸腺《きょうせん》だったと思いますよ」

「やわらかい、こんなの初めて」

やはりこの子は才能がある。立ち上がる火柱に氷をあてがいながら、とろミノ（牛の第一胃の上物）、かしら（牛の頰）、くつべら（豚の喉頭《こうとう》）、こぶくろ（豚の子宮）、次々に開拓していきます。

「ホルモンって色々あって、楽しいですね」

そんな感想を引き出し、ある種の達成感、充実感が、一瞬訪れはしたのですが
……。

満たされない、なんか、満たされない。たくさん食べたし、それぞれうまかったし、マッコリもたくさん飲んで、シメに冷麵《れいめん》も食べた。なのに、何故《なぜ》？

「うー、塩」

Iさんを見送った後、漏れてしまった、その一言。

「やっぱ、味噌《みそ》より塩ですよ。あの味噌ダレは確かにおいしかったけど。味噌ダレ使うと、どれも似たような味になっちゃうじゃないですか。いろんな部位を食べる以上

は、いろんな肉の味を味わいたいんです。肉と脂、そのものの味！」

「でも、タン塩とシビレは塩味だったじゃないですか。食べたでしょ？」

「うー、だけどこの店は味噌ダレがメインじゃん。塩っつっても何でもいいわけじゃないのよ。おいしい塩ダレじゃないとダメなの！」

職安通りで、Kに絡《から》んでしまいました。まだまだ自分が満足したい、処女以上熟女未満の私です。


（二〇〇六年十二月）

後日談：こないだ好きな食べ物を訊《き》かれて、「塩と脂」と即答してしまいました。「それ食べ物じゃないじゃん」。ですよね。

幸《こう》　永《えい》

最寄り駅　東新宿
東京都新宿区歌舞伎町《かぶき》二−四−一一
〇三−三二〇五−四三六四
一七時〜六時
（日祝〜三時三〇分）　無休

部位4

約束された感動

東十条という駅名がどの程度読者に知られているか、よくわからないのですが、東京は北区、新橋から京浜東北線で二十五分という、品川区民の私にはほとんど縁のない土地です。意を決して、この地に長年の飲み仲間、ヤマさんを召喚することにしました。

もともと肉嫌いの魚好き、内臓なんてもってのほかという嗜好《しこう》の持ち主だったのですが、私がいくつかの店に連れ回した結果、著しい変貌《へんぼう》を遂げたヤマさん。焼き肉屋で魚介類を頼まなくなり、とんかつもヒレ派からロース派に転向。

「感動を約束する」

とメールを打てば、二つ返事で東十条までいそいそとやって来るほど、今や立派なホルモンヌになりました。ホルモンへべれけ街道の道連れの刻印を捺《お》すべく、あるいは退路を断つための切り札として私が選んだ店、それが『埼玉屋』です。

私はいつでもどこでも飲める身ですが、ヤマさんはカタギのＯＬです。終業時刻に合わせ、七時過ぎに到着すると、カウンターもテーブルも既に満席、プラス待ち客二組。これはかなり待つかもしれない。そっとヤマさんの顔色を窺《うかが》うと、

「見て、あのしいたけ！　すごい立派」

焼き台の前に盛られた野菜の山に、早くも目を輝かせています。カワイイ奴《やつ》め。

うまい肉を食わせる店は、野菜もうまい。それが私の持論なのですが、『埼玉屋』がまさにその好例。大根とクレソンを和風ドレッシングで和《あ》えた「野菜　四百円」は、ほとんどの人が頼みます。クレソンって農薬臭いというか、あまりわしゃわしゃ食べる気がしなかったけど、ここのクレソンはうまい。うまいけど……肉、肉はまだかな。

うまい肉を食わせる店は、酒もうまい。これも私の持論で、『埼玉屋』はやっぱりその好例。ご主人イチオシのレモンハイはただのレモンハイに非《あら》ず。生のレモン約三分の一個をざくざく投入し、ソルティドッグの如《ごと》く、ジョッキの縁には塩がついています。フレッシュ、かつ塩好きにはたまらない演出……なんだけど、肉、肉は？

『埼玉屋』は有名店にもかかわらず、通常、焼き台はご主人一人でコントロール。満席の時には、二十五人分くらいの肉を同時に手がけることになります。しかも串《くし》ものは基本的にお任せ。つまり、客側にしてみれば、いつどんな肉が配給されるか、わからないのです。我々は焼き台の真ん前に座っているので、絵に描いたような生殺し。

この厳しい環境に、果たしてヤマさんは耐えられるのか。それでも欲しいと、信じることができるのか。ここで不機嫌になるようなら、ホルモンヌ失格と判定せざるを得ない。我々（というより私）の不穏な気配を察してか、ご主人、

「もうちょっと待って。いいかげんな肉、出したくねえからさ」

「ハイ、待ちます！」

ヤマさん、アンタほんと変わったね。

目の前で焼かれていく肉達を凝視し、「こっち来い、来い〜」と念波を送っていた我々の下に、ようやく一本目が到着。理性を失うとはこういうことを言うのでしょう、ご主人が串を皿に置くが早いか、間髪容《い》れずにかぶりつく二十代後半女性二人組。ところで、これって何の肉？

「アブラ、いわゆるリブロースだよ」

リブってこんなにうまかったか？

肉を咀嚼《そしゃく》する無言のひととき、私とヤマさんの間では確実にテレパシーが成立していました。

一本目を秒殺してしまうと、ここからがまた長い。おあずけされた犬のような顔をしていたのでしょう、

「もうすぐだから。知らない世界に連れてってやるから」

ご主人は得意のフレーズを繰り出します。二本目はネギマ。焼き鳥屋から居酒屋まで、串ものとして最もオーソドックスな一品ですが、

「これ、ネギマじゃないんじゃない？」

「いや、これがネギマなんだよ！」

日本を初めて訪れた留学生のように、戸惑うヤマさん。続いて、すいぞう、シロ、ハツ、タン。ご主人は串を皿にサーブする時に、それぞれの部位の名前を教えてくれます。しかし、

「す、すいません、今の、な、何でしたっけ？」

「シロ。何食ってるか、わかんねえだろ。よそでは食わない方がいいよ、うまくないから」

つい数か月前まで、「高い肉しか食べない」と豪語していたヤマさんが、

「アタシ、今まで何食べてきたんだろ……」

壁に架かった「一本百円」の札を呆然《ぼうぜん》と眺めています。アイデンティティの崩壊、でも、その先にはパラダイスが待っている。

抜群の鮮度と下ごしらえ（だって、焼く前の生肉がキレイなんだもん）、それを熟練の技術で焼き上げる。しかも、塩やタレに飽き足りず、時にニンニクバターやサルサソースといった、試行錯誤によってしかあり得ない一本を、百円で口にすることができるのですよ。感動以外の何ものでもない。

厚かましく居座った結果、牛刺しを「ベリーレア」に焼いたもの、更に「シチュー食べる？」との呼び声。試作中とのことですが、一口含んだ瞬間、本当にごくわずか、カレー粉の香りがして、その繊細さに魂が震えました。

「アンタは約束を守ったよ」

帰り途《みち》、私の肩をポンと叩《たた》いたヤマさん。私もそう思うけどさ、多少遠くても、待たされても文句を言わないアンタだからこそ、連れて来ることができたんだよ。約束された感動が、アンタを選んだのだよ。

（二〇〇七年一月）

後日談：『埼玉屋』にはその後も何度か通って、こないだ初めて、煮込みを食べました。これもやっぱり、うまかった！　その後税務署の指導により、何度か値上げをしているようだが、安いことには変わりない。

埼玉屋

最寄り駅　東十条
東京都北区東十条二－五－一二
〇三－三九一一－五八四三
一六時～一九時三〇分（土～一八時）
日祝定休

部位5

恋がウマれる店

いい店を知っている男はモテる。なのに何故《なぜ》、いい店を知っている女はモテないのか。ノロ・ウィルス明けで酒が飲めない担当編集者Kを相手に一人酔っ払い、こぼしておりました。

「単に、財布の問題じゃないですか？」

「でも私、同世代相手だったら、おごられた回数より、おごった回数の方が絶対多いですよ」

「それ、余計マズイですよ」

「だって明らかに私の方が食べてるし、飲んでるし」

「まあ、対読者的には、モテごはんの話題を挟んでおくのもアリかもしれませんね。私はこの店で口説かれた、とかないんですか？」

「口説こうとして、失敗した話ならたくさんありますよ。まあ大体は、『まだ飲むの?』って顔されて終わるんですけど、あはは」

店云々《うんぬん》というより、他に問題があるのでは。今にして思えば、この時Kはそんな瞳《ひとみ》をしていたような気がしてなりません。

恵比寿《えびす》のワイン・ダイニング『フレーゴリ』。馬ホルモンを食べられる店として、Kの上司、クラさんのご紹介です。大通りから少し脇道《わきみち》にそれて、一軒家のガレージを改築した感じの店構え。中に入ると、オープン・キッチンに面したカウンターと、テーブル合わせて十五席ほど。なになに、これっていわゆる隠れ家風?

一皿目は馬肉カルパッチョ。ちんまり気取って出てくるかと思いきや、意外に豪快な盛りつけ。馬刺というと、醬油《しょうゆ》ベースのタレでしか食べたことがなかったのですが、この一皿はオリーブ・オイルと塩胡椒《こしょう》のみで味付け。しかもカルパッチョにありがちなクレソン系のツマは一切なし。ヒレ、バラ、タテガミ、レバ、タン、お店の人の説明通り、種々の馬刺が皿一面に咲いているのです。味の違いを確かめながら、白ワインをごくごく。う〜ん、タテガミ、気に入った!

「馬はかっこいいけど、特にタテガミがかっこいいっすよね〜」

うなぎのぼりのテンションに任せて、ワケのわからないことを口走り、さりげなくもう一切れのタテガミに箸《はし》を伸ばします。クラさんはそれを見咎《みとが》めもせず、

「原稿読んでて思ったけど、サトウさん、白肉が好きなんじゃない?」

あー、言われてみれば。レバ刺しやハラミも好きだけど、どちらかというと、赤い肉より白い肉に食欲をそそられる。要するに、血よりも脂《あぶら》ってこと?

「焼き鳥だと、つくねより皮でしょ」

そうそう。んでもって、トンカツは絶対ロース。

『フレーゴリ』は馬肉に限らず、九州出身のオーナーの人脈を生かして、猪《いのしし》、鳩《はと》、野うさぎなどのジビエも充実。メニューにパスタが並んでいるので、一見イタリアンに見えるのですが、食材も調理法も、特にイタリアンに限っているわけではない様子。

枠にとらわれず、とにかくうまいものを出そう。そんな店の心意気にあてられ、また酒が進むにつれ、豚首肉のテリーヌ、ほろほろ鳥のレバーペースト、トリッパのトマト煮等々、食欲の赴くままにオーダー。ホルモン取材で来ておいてナンですが、この日のベストは鯖《さば》のスモークでした。聞けばクラさんもいつも必ず頼むのだとか。うんうん、これはまた食べたい。

「いやあ、人類で最初にスモークした奴にノーベル賞やりたいっすね」

「つけあわせのマッシュポテトがいいでしょ。あとはパスタ、二つくらいいけそう？」

「いきましょう。トマトベースとクリームベース、両方食べたい。だったら赤ワイン、もう一本飲みません？　それと、馬の脳のフリット」

これも初めてだったのですが、カリッとした衣に白子のような脳みそがとろり。最後の三切れを一人で頬張り、トマトとチーズのパスタをさらい、

「気持ちいいほど、よく食べるね」

はい、よく言われます。ティラミスとエスプレッソに移行したクラさんとKの横で、

「私、甘いものは遠慮します。グラッパが飲みたい」

お店の人が並べてくれた種々のグラッパの瓶をじっくり見比べる私。ついでに、

「あの、禁煙ですよね？」

灰皿がなかったし、狭いので禁煙の可能性が高いと思っていたのですが、予想に反して、お店の人は快く灰皿を出してくれました。満足、満足。

実はクラさんは、見た目と実年齢のギャップから、編集部では妖怪《ようかい》、仙人とあだ名

される一方で、イケメンとして女子から一番人気なのだそうです。私はメガネかヒゲがないと男の人の顔を覚えられないので、そのどちらもないクラさんのイケメン度は測れないのですが、原稿を書いている内に、この人はモテるだろうと確信しました。

モテ要素一、うまい店を知っている（雰囲気重視の女の子にもウケることウケあい）。二、相手の食嗜好《しこう》を観察、分析することに長《た》けている。三、その上で自分の食嗜好もきちんと伝えてくる。四、たくさん食べても、飲んでも、イヤそうな顔をしない（これが一番重要。でも取材だったからかも）。

一応、自分のダメ要素もあげつらっておくと、一、遠慮を知らない。二、言葉遣いが汚い。三、いやしい。四、一応女なんだからデザートくらい頼めよ……。でも私も取材だったから仕方ないよな、と、自分で自分をフォローしたのも束《つか》の間《ま》、ダメ出しのように、Kからメールが。

「サトウさんの飲み食いに、私やクラでは太刀打ちできないことが判明したので、来週からはもっと若い奴を連れていくことにしました」

おい、アンタは私と同い年だろうが！　脳のフリットがいけなかったの？　それともグラッパ？

（二〇〇七年一月）

後日談：二〇〇八年オープンした姉妹店の『しん』は九州居酒屋、番外篇2で訪れました。こういう店で焼き豚足と馬肉ラーメンを食べてさくっと帰る、そういう人になるのが夢。あと、うまい店を知っている女は、同性にはモテます。

フレーゴリ

最寄り駅　恵比寿
東京都渋谷区恵比寿二ー八ー九
〇三ー五四二三ー一二二五
一二時〜一四時　一八時〜二三時
日曜定休

部位6

塩、塩、味噌《みそ》、塩、タレ、塩。

一月末、この連載初めての原稿料が振り込まれました。小銭が入ると、まず人におごる、という発想はいつから身についてしまったのか。自戒しつつも、「原稿料入った。おごるからうまい店教えて」

我がホルモン伝道師、タケさんを呼び出します。連載初回で紹介した『池上線ガード下物語』や、東十条の『埼玉屋』を教えてくれたのが、このタケさんであり、彼なくしてこの連載はあり得なかったわけです。

二年前、会ったばかりの頃に『ガード下物語』に連れて行かれて以来、ホルモンに限らず、実にいろんな場所で飲み食いしました。別に恩を着せるわけじゃないけど、実によくおごった。

実際、マズイ飯をおごってデカイ顔する奴《やつ》より、金はなくともうまい店を教えてくれる男の方が、よっぽどいいのです。その点、タケさんは、内心どう思っていたかわからないけど、実に屈託なく、よくおごられてくれました。そして、どの店もうまかった。

新宿、末廣亭《すえひろてい》の前で待ち合わせて、向かった先は『鳥田《とりた》むら』支店。「うまいし、支店のほうが様子がいい」というタケさんの言葉通り、やや年季がかった二階の座敷には、七〇年代和洋歌謡曲のヘンテコな有線が流れてて、いかにも様子がいい。睡眠不足で頭が働かないので注文はタケさんにお任せ。レバ刺し、梅ささ、お新香、焼き鳥コース。うんうん、そんな感じでオッケーよ。あ、飲み物はホッピーね。

ある程度飲み慣れると、突出しを見た瞬間にその店の実力がわかる場合があります。この日の突出しは、鳥皮の千切りを紅葉おろしと小ネギで和《あ》えた一品。気が利《き》いてるというか、突出しの手本にしたいね。

レバ刺しも食べ慣れると、サクサクさっぱり系と、トロトロねっとり系と二通りあることがわかるのですが、『鳥田むら』は私好みの前者。タケさん曰《いわ》く、「うん、きっちり血抜きしてあるな」。

続いて焼き鳥コースの前半三本が到着。奥から砂肝、ぼんちり、ハサミ。私は並び

を顧みず、ぼんちりを飛ばして食べてしまったのですが、後半の皮、レバ、手羽先の三本を見て、

「うわ、順番通り食べればよかった。塩、塩、味噌、塩、タレ、塩。ベストの順番で並んでたんだ」

そうやって己の舌で失敗を重ねることで、道を切り拓《ひら》いてゆくのだよ、とでも言いたげに頷《うなず》くタケさん。

一時期は毎週のように飲み歩いていたとはいえ、実はこうして会うのは久しぶり。というのも、会った当初は会社を辞めたばかりのタケさんに、私がおごる、というパターンが多かったのですが、金の切れ目が縁の切れ目。私も金がなくなってしまったのです。加えて、後付けのような言い方をすれば、恋愛関係にない男女としては仲良くなり過ぎてしまったのですね。

仲良くなると、良くないところも互いに見えてしまいます。恋愛なら甘えることで誤魔化すし、女同士ならお互いさまと云《い》って割り切ることもできるけど、この間柄では、そのどちらもできませんでした。しばらく会わなかった間、タケさんは心機一転、一旦《いったん》故郷の福岡に帰ることにしたそうです。

「やっぱ会社員はムリ。できないし、やりたくない」

もしタケさんが、ロクに働いたこともない、ミュージシャン志望だったりしたら、バカ言ってんじゃないよ、と後頭部をハタいてやるところですが、

「いいんじゃない、そういうところは信用してるよ」

一度過労で倒れた人に、エラそうなこと言える立場じゃありません。私自身、物書きになろうと思ってなったわけじゃなく、ただやりたくないこと、できないことをやらずにいたら、こうなってしまっただけなんです。それでもどうにか食えてる運の強さが、この人にあるかどうかはわからないけど。とりあえず、もしまた東京に戻ってきたら、いつでも酒をおごれるように、しっかり稼いどくよ。

編集者からかかってきた電話を受けてる間、タケさんは、鳥刺し、鳥雑炊を追加。この鳥雑炊がまた絶品。数日ロクなもん食べてなかった胃袋に、世の中にはうまいものがたくさんあるという現実を、思い出させてくれました。ホッピーの後、熱燗《あつかん》六合飲んで、二人で約九千円。タケさん、グッジョブ。

この後ゴールデン街をふらついた挙句、気分が悪い、というタケさんを抱えて、ホテルに入ったのが午前何時だったのか。トイレに直行した（らしいと翌日聞いた）タケさんを介抱することもなく、爆睡。

そういえば、初めてタケさんちに行ったとき、寝ゲロして敷き布団《ぶとん》一枚ダメにしたっけな。アランミクリのメガネを真ん中からポッキリぶち割ったこともあったな。ドアを蹴飛《けと》ばして穴を開けたのは、別の奴の家か……。昼近くに目を覚まして、そんなことを思い出しながら、一人で泡風呂《ぶろ》を堪能《たんのう》。

「お腹空《なかす》いた。何かうまいもん食べにいこ」

案の定、というべきか、今度はギャルソンの帽子を踏みつぶしたらしく、土台が潰《つぶ》れていました。金はなくとも食道楽、着道楽のタケさん、それを抱えて、

「サトウさんは、『そこに何かがあるかも』って思ってないよね。思いもしないよね……」

ふと、パッケージのままのコンドーム二個が目に留り、ホテル代出してセックスして帰るのと、しないで帰るのと、どっちが女として終わってるのか？　そんなつまらない了簡《りょうけん》が一瞬もたげはしたものの、

「この辺蕎麦《そば》屋ない？　うまいかきあげが食べたい」

何を食うべきか、ああだこうだと、マジトーク。結局、正午少し前の『つな八』本店で、芋焼酎《じょうちゅう》片手にシバ漬けを突《つ》きながら、

「あなたが福岡いるうちに、遊びに行こうかな。モツ鍋《なべ》とか、うまい店いっぱいある

んでしょ？」
福岡での再会を口約束して別れました。ロクでもないと知りつつ、たまにこういう酒を飲むと、生きてるなーって思います。
（二〇〇七年一月）

後日談：突っ込まれましたね、この回は。ほんとのところ、食べ物の好みが近くて、酒飲みだと、男女のべつなく仲良くなり過ぎちゃうんです。悪い癖だと思う、ほんとに。あ、『鳥田むら』は場所柄その後もちょくちょく使ってます。

鳥田《とりた》むら支店

最寄り駅　新宿三丁目
東京都新宿区新宿三－七－七
〇三－三三五二－〇一三四
一七時～二三時三〇分（日祝一六時～）　無休

部位7

お見合いホルモン

私の暴飲暴食に対抗するため、今日は若くてザルの編集者を連れて行く。担当編集者のKはそう言っていたはず。なのに、恵比寿駅西口にKの姿はありません。初対面のヤナさん曰く、Kは遅れるので先に始めてていいとのこと。うーん、Kが来るまでそこらのバーで待っとく?

「多分、あと一、二時間かかるみたいです」

二時間も待てるか! Kとは多少信頼関係を築けた気でいたものの、少し裏切られた気分です。なんつーの、二、三回やった男に、別の男を紹介されて、二人きりにさせられた気分? 初対面の人とサシで焼き肉を楽しめるほど、マトモな神経してたら、こんな連載やってないよ。薄情者、薄情者、薄情者。Kへの悪罵《あくば》をぐっと飲み込み、少し困ったアルパカのようなヤナさんの表情を見て、自分が編集部内で問題児扱いされていることを悟りました。

昼から酒を飲めることと、嫌いな奴と付き合わなくてもいいのが、この商売の利点です。だから、初対面の人に対しては、「コイツは付き合う価値があるのか？」という疑問がスタート地点なんですよ。ヤな奴で結構。だって出版業界の最末端、最底辺の商売、来る奴全部と付き合ってたら、身がもたないもん。

そんなわけで、初対面のヤナさんに対しても、まずは情報収集、分析から入ります。結果、第一印象はオッケー。何しろザル。酒が飲める人に対しては、私は寛容です。さらに歩きながら得た追加情報によると、今の編集部に入る前は小さな編プロに勤めており、さらにその前の職場を二週間で辞めたとか。まだ若いのに、早くも漂う苦労人のオーラ。

そして何より、喫煙者なのですね。メガネとかヒゲとか、余計な物を顔に乗せるというメンタリティーを持った男子を好ましく思うのと同様に、タバコという何の得にもならないものを好む（もしくは必要とする）女子が、私は基本的に好きですよ。好きだけどさあ、

「あの、サトウさん、ご趣味は」

席に着くなり、なんだその質問は！　お前、どこまで不器用なんだ？　と内心突っ込みつつ、私も、

「あ、あの、お酒です」

「お酒ですか。ナルホド」

ホラね、会話が続かない……。

私の経験上、こういう女の心を開くには、まず自分が油断することで、相手も油断させる、という作戦が有効なんです。本来であれば、初回は通い慣れた酒場にでも連れて行って、「俺、こういうの好きなんだよね」トークをかましたい。しかし、時、既に遅し。

というのも、Kが予約したこの『焼肉チャンピオン』、まず店内が明る過ぎます。この手の女は適度な闇《やみ》と、湿度を好むもの。韓流アイドル風の店員も、親切なのはいいけど、マッコリを注がれる度、「ハイペースだなあ」と思われてそうで（考え過ぎ）、落ち着かない！

肝心の肉は、A5ランクの和牛を一頭買いしてるだけあって、上質ですが、

「えーと、牛はね、ABCそれぞれ五段階、つまりC1からA5まで、十五段階に格付けされています。A5はその中でも最高級ということですね」

「さすが、お詳しいですね。たしかに、ここ普通の焼き肉屋より、高めですよね。自分じゃ来られないな」

だよね……。ま、今日はKの経費だから、焼きましょう、焼きましょう。

「あの、一人で焼き肉屋に行かれるって、どんな心境なんでしょうか」

連載初回の原稿を読んだらしく、またしてもベタな質問を投げかけるヤナさん。崖《がけ》を下ろうとするアルパカのような、おずおずとした目線。そっちからも歩み寄ろうとしてくれてるんだね、気持ちは嬉《うれ》しいけど、ベタ過ぎるぞ！　うー、と答えに詰まり、

「おっ、ちょっと焼き過ぎたかも」

看板メニューのザブトン、サンカクは、霜降りの赤身なので、ちょいレア目に焼き上げたい。ぎりぎりのタイミングでそれぞれの皿にサーブしたはいいものの、これでは会話に集中できないぞ。お互い、打ち解けようという意志は確認されるものの、焼肉という共同作業を営むには時期尚早というもの。無理矢理、

「これ、この塩と脂《あぶら》。こういうものを一人で思う存分食べて、飲んで、明日の英気を養うんですよ！」

特技「おいしそうに肉を食べる」を披露して、テンションアップを図るも、空回

り。いや、実際おいしいけどね、別に演技する必要ないくらい、うまいんだけど。

「うん、やっぱり高い肉は、おいしいですね」

ヤナさん、その感想もベタだけど、この店に限ってはあってる。別にそれ以上、話すことないよね……。

この後、ヤナさんと私に残された唯一《ゆいいつ》の手段、酒でなんとか場をつなぐこと約一時間。こうなってしまえば、酔っ払ったもん勝ちです。遅れて到着したKに、

「この店うまいけど、アンタ、まだまだ私をわかっちゃいないよ。じっくり話そうね」

と絡《から》み寄り、バー、カフェ、カラオケをハシゴ。

そもそも、なぜロースでもカルビでもなく、ホルモンなのか。自分でもよくわかっていなかったのですが、要するに、ワケのわからないものを食べたい。赤身もたまにはおいしいけどさ、なんか予想を裏切らないというか、値段通りの味というか、つまんねえんだよな。己のコントロールの範囲を飛び越えた感動を得たいのよ。奥村チヨの『恋の奴隷《どれい》』を歌うヤナさんを見て、ふとそう確信しました。

しかし、最初に思った通り、やっぱりこいつは手に負えねえ。二曲目にその選曲っ

て、どうなのよ。私、アンタが心配だよ、私に心配されてるアンタが心配だよ。

（二〇〇七年一月）

後日談：フェアプレイ精神に則《のっと》って明かすと、私の持ち歌は越路吹雪の『ろくでなし』です。パパラパラ。あと、ヤナさん、以降はヤナパカと改名。

焼肉
チャンピオン
本店

最寄り駅　恵比寿
東京都渋谷区恵比寿南一－一一－八
〇三－五七六八－六九二二
一七時～二五時（金～二六時　日～二四時）無休

部位8

脳みそを 食わせてみせよう ホトトギス

四回目に登場したヤマさん、読者諸兄は覚えておいででしょうか。一言で紹介するなら、私が犯したホルモンヌ。ホルモンを避けてまっとうに生きてきた彼女を、私がこの道にひきずりこんでしまった、あのヤマさんです。

ホルモンの中でも、食するのに最も抵抗を覚える部位といえば、脳みそ、もしくは生殖器なのではないかと思われます。四回目の『埼玉屋』では、「高い肉しか食べない」というヤマさんのポリシーを崩すことに成功したので、そろそろ、いいかな。ブレンズ（豚の脳みそ）の刺し身が名物と聞き、恵比寿『立呑屋《たちのみ》』に連れて行くことにしました。

といっても、私自身、揚げや焼きで食べたことはあっても、脳みその刺身は初めてです。ドキドキ。本来であれば、まずは自分の舌で確認してから、ヤマさんを連れて行くのが礼儀なのだとは思いますが……面倒くせえ、連れてっちまえ。

『埼玉屋』での食体験の成果でしょう、

「感動があるかどうかはわからないけど、行ってみたい店がある。付き合ってちょ」

とメールを一本打てば、ほくほくと終業時刻を知らせてくるほど、ヤマさんも立派なホルモンヌ。いや、ただ飲みたいだけか？　ま、どっちでも構わんよ。

「お疲れのところ、立ち飲みで悪いね」

「全然。むしろ今日ずっと座りっぱなしだったから。ちょっとは運動しないと」

立ち飲みを運動に換算する、おおざっぱなアンタが、私は好きだよ。カウンターの角に陣取り、生ビールを注文。ペン立てから注文票を抜き取り、牛すじ煮込み、鉄板ホルモン、レバ刺し、茄子《なす》焼きなどと書き連ねて、焼き長のお兄さんにパス。

煮込みというとドロドロ系が多数派ですが、この店はあっさり、じわじわ系。だし汁大好きのヤマさんのストライクゾーンを直撃したらしく、

「やっぱ、肉がうまい店は野菜もちゃんとしてるよね！　ネギがキレイだったもん」

『埼玉屋』で学んだ法則を復唱しながら、お椀《わん》ごとずるずる。今日せっかくいいジャケット着てるのに、それをやっちゃあ……、まあ立ち飲み屋だからいっか。実際、ネ

ギもレバ刺しもキレイでうまい。

『立呑屋』と聞くと、オヤジ満載の煙い空間を想像されるかもしれませんが、この店は『立呑』をわざわざ店名として掲げていることからもわかるとおり、いわば、敢《あ》えての立ち飲み。新橋や大井町エリアの立ち飲み屋と比べると、客層も若めです。実は、前回の『焼肉チャンピオン』と同じ、ピューターズという会社が経営しているのですね。和牛一頭買いの焼き肉屋や、遅くまで呑める蕎麦《そば》屋など、なかなかマーケティングが行き届いた飲食店を展開している会社で、この店も、「若者向けの立ち飲み屋」として企画されたものと思われます。

基本的には、マーケティングもへったくれもない、「どうしてこうなっちゃったの？」的な飲み屋の方が好きなのですが、我ながらいいかげんなもので、要はうまけりゃいい、居心地がよけりゃいいのです。『焼肉チャンピオン』では、煌々《こうこう》とした蛍光灯と、韓流アイドル風のお兄さん達のサービスにたじろいでしまいましたが、『立呑屋』は問題なし。だって、店内が薄暗いんだもん、焼き長のお兄さんも、私好みのメガネ男子なんだもん。安いし。

そして、確かにピューターズのマーケティング通り、オヤジ満載の立ち飲み屋よりは、我々もくつろげるのですね。カウンターに肘《ひじ》を突き、芋焼酎《じょうちゅう》をお代わりするヤマさんの様子を見て、今がチャンス。

「一応、これも頼んでみる？　名物らしいから」

隙《すき》だらけにリラックスした今のヤマさんならば、豚の脳みそも、易々《やすやす》と受け入れてしまうに違いない。そんな思惑のもと、メニューに書かれた「ブレンズ（脳みそ）」という文字を指さします。案の定、

「いいね、名物、食べてみたい」

「刺しと焼き、両方あるらしいけど、せっかくだから刺し、いってみようか」

刺し身と聞いて、ハタとメニューに目をやるヤマさん。自分が何を食べさせられようとしているのか、ようやく気がついたようです。

「あ、ああ、刺し身ね……」

「私も初めてなんだよね。先に私が食べるから。アンタは無理しなくていいから。……ホラ、見た目きれいだし、きっとうまいよ。ま、無理しなくていいけど」

イヤよイヤよも好きのうち。興味津々《しんしん》の眼差《まなざ》しを意識して、

「うん、うまいね！　魚の白子みたいなもんだよ、アンタ白子好きでしょう」

特技「おいしそうに食べる」を披露すると、あっけなくヤマさんの箸《はし》が、豚の脳みそに到達。

「うん、白子よりおいしいじゃん。焼きも頼もう」

ヤマさん、アンタ、本当に変わったよ。

中目黒のワインカフェに向かう途中、ヤマさんはなぜか黙ったまま。実は三十代と思《おぼ》しき常連客が我々に話しかけてきたのですが、曰《いわ》く、「ブレンズ、いっちゃうの〜？　大丈夫？」。店の雰囲気を壊したくないので、私はほどほどに相手をしたものの、

「ごめん、アンタ、ああいうの嫌いだもんね。私も好きじゃないけど」

「だよね？　まあ、若い店だからしょうがないか」

「客を選べる店ではないってことだね。あの男も、悪い奴《やつ》じゃないんだろうけど。職業聞いてくる辺り、なんつーか、酒場のデリカシーがないんだよなあ」

『立呑屋』にもまた行きたいけど、脛《すね》に傷を持つ者同士、ヤボなことは聞かねえよ、というオヤジ酒場の空気が妙に恋しい。目黒川沿いを歩きながら、私達もオヤジになったもんだなと、しみじみ思いました。　（二〇〇七年一月）

後日談：連載通じて、最多登場者のヤマさん。だからってわけでもないだろうけど、記事を全部とっておいてくれてて連載終了後にスクラップブックにしてプレゼントしてくれました。自分がズボラだから、そういうのはほんと助かる。『立呑屋』は使い勝手がいいらしく、その後私抜きでも何度か立ち寄っているとのこと。

立呑屋

最寄り駅　恵比寿
東京都渋谷区恵比寿南一－一－六
〇三－三七九一－四一九四
一七時〜二五時（日祝〜二四時）
無休

部位9

思い出ホルモン

『下町酒場巡礼』(ちくま文庫)という本があります。題名の通り、酒場の紹介本、私がそのうちいくつかの店に足を運んだ限りでは外れがない、好著です。

パラパラやっていて、目に留まったのが、一枚の白黒写真。角地に建つ年季がかった店構え、路上にはみ出しているサラリーマンの群れ、「秋田の清酒　高清水」というやたらでかい看板。見覚えがある……。

今から五年前、私が就職活動をしていた時期に、強烈に惹《ひ》き付けられつつも、リクルートスーツが邪魔をして入店できなかった、あの店ではないか。きっとそうに違いない。浜松町という位置を確認し、確信を深めます。面接からの帰り途《みち》、夕日に照らされたオッサン達の背中を見て、思ったものです、「私もオヤジになりたい」。あの時は切なかったなあ。

でも、今なら入れるはず。若くないageであん時のリベンジ。スチャダラの『CATCH the DROP』を口ずさみながら、浜松町『秋田屋』に向かいました。

四時過ぎという早い時間のためか、店内は思ったより空《す》いています。これ幸いと、歩調を緩めることなく入店。近寄ってきたお兄さんの口が「お一人様ですか」と動く前に、すっと人差し指を一本出して、「あったかいお酒、ありますか」。堂々とした態度、そして言葉遣いは丁寧に。自然と身についてしまったオヤジ酒場お一人様術は、この店でも有効でした。ほどなく、二合徳利《どっくり》が到着。嬉《うれ》しいね、これならひんぱんにお代わりしなくて済むよ。

まずは『下町酒場巡礼』でオススメされていた、たたき二百二十円、それから煮込みを注文。手酌でぐいぐい傾けながら、店内を見回して、微妙な違和感に気が付きました。なんかこう、新しいのですね、壁のペンキや、カウンターの上のお品書きが。帰宅後、ネットで調べたところによると、やはり一年前にビルを建て替えて、去年の五月から営業を再開したとのこと。むぅ、一足遅かったかも。

たたきは、肉を骨ごと砕いてこねた、平べったいつくね。タレの照りに、青のりが香ばしい。この店の看板メニューなのでしょう、見ると、ほとんどの客が最初に頼んでいます。たしかにこれはうまい。一口食べて、テーブルの上の一味をパラパラ。個人的には、もつ焼きを何本か塩で食べた後、最後にこれを食べたかったな。「お一人様一本限定」なのが残念。

煮込みはふわふわ、まろやか味噌《みそ》ベース。特徴と言えば、焼き豆腐が入っていること。豆腐は煮込むと堅くなるものですが、この焼き豆腐は煮過ぎなのか、クタクタに味が染《し》みています。ここでも癖のように一味をパラパラ。次に来たら、牛の煮込みを頼もう。

「豚もつ焼き二本三百二十円」と書かれたお品書きの中から、レバとなんこつ（気管）を塩味で、ついでにお新香と自家製の塩辛も注文。塩辛やひずなますなどの海幸や、衣被《きぬかつぎ》（里芋のふかしたもの）など、もつ焼き屋としては少し珍しいメニューが並ぶのは、店名どおり、秋田色を反映してのことなのか。塩辛は、柚子《ゆず》で生臭さを抜いていて、良く言えば家庭の味、悪く言えば、ちょっとパンチが足りないかな。塩加減からすると、お新香の方が酒の肴《さかな》としては優秀。熱燗《あつかん》もう一本くださーい。

しかしやっぱり、この時間帯のオヤジ酒場はいいですね。六時、七時を過ぎて一人で飲み歩いていると、物珍しさからサラリーマンに声をかけられることもあるのですが、この時間は誰一人話しかけてきません。昼間から飲んでるろくでなし同士、お互い、話しても気まずいだけだもんね。

熱燗で身も心も完全にリラックス。到着したレバとなんこつを見て、一瞬目をみはります。というのも、一本がかなりのボリューム、それが二本ずつ皿に乗っているので、ちょっとした小山のような状態。この店で色々食べるなら、二人で来た方がいいみたい。

なんこつをこりこり嚙《か》み砕きながら、店の外に目をやると、路上を行く人々とやたら目が合います。改築されたとはいえ、五年前に私が惹き付けられた時と変わらず、この店は浜松町の大通りに独特の存在感を醸《かも》しているのでしょう。通り過ぎる人ほとんど全《すべ》てが、興味深げに眺め、そのうち一割は煙に吸い寄せられるように店内へ。辺り一帯の磁場に逆らうように、リクルートスーツで足早に通り過ぎた女の子を見て、ちょっと感傷に浸りつつ……、顎《あご》が疲れた。なんこつは一休みして、レバを先に片付けますか。

約二千六百円の会計を済ませて、何事もなかったかのような顔で浜松町の路上へ。五年前の自分の肩を、ポンポン、と叩《たた》いてやりたいような、何とも言えない解放感を胸に帰宅。しようと思ったのですが。

何が物足りないのか、自分でもよくわからないまま、衝動的に反対方向の山手線に乗車。大塚で都電荒川線に乗り換え、庚申塚《こうしんづか》の『ファイト餃子《ギョウザ》』で、ビールと餃子十五個を完食。足りなかったのは、ビール？　それとも炭水化物？　油分？　いや、違う、刺身です。お品書きに刺身系ホルモンが一つもなかったのです。鮮度が命のホルモン、店側にとっても客側にとっても、一番リスキーなのが刺身。ホルモンを食する以上は、それを供する覚悟や気合いを感じたい。『ファイト餃子』を選んだのも、子供の拳《こぶし》のような餃子が十個で三百七十円という、店名に違《たが》わぬファイトに触れたかったのだと、直感的に悟りました。わけもわからず庚申塚に向かった自分の本能が、誇らしくもあり、恥ずかしくもあり。

しかしね、あの時あれほど焦《こ》がれた店に入ったというのに、なんか味気なかったなあ。リベンジを果たした達成感はどこへ行ってしまったの？　落ち着いて肉を味わっていた自分を顧みて、五年という歳月に思いを馳《は》せます。『秋田屋』でさえ満足できないほど、立派にオヤジ化した自分の姿を、当時の私に見せてやりたいような、絶対に見られたくないような。

（二〇〇七年二月）

後日談：『秋田屋』みたいな店があると、街のレベルが確実に上がるね。何のレベルなのか、よくわかんないけど、安心できる街って感じ。あと、なんか理屈こねてるけど、やきとん↓餃子というコースの必然性も、自分でもよくわからん。

秋田屋

最寄り駅　大門、浜松町
東京都港区浜松町二ー一ー二
〇三ー三四三二ー〇〇二〇
一五時三〇分～二一時三〇分（土～二〇時三〇分）日祝、第三土曜定休

部位10 一食値千食の店

毎週肉を食べて、酒を飲んで、原稿料貰《もら》って、いいご身分ですね。そう思われているであろうことは薄々感じているし、実際そのとおりなのですが。

この日ばかりは、取材に向かうのが辛《つら》かった。春のせいでしょうか、人と会ってマトモな会話をできるのかどうか、自信がない。どうにか浅草『㐂美松《きみまつ》』に到着すると、担当編集者Kも、何やら不穏な表情。

「遅かったですね、もう注文しますよ。豚ホルモンの刺し身盛り合わせ、ハツのあい、茹《ゆ》で豚、タン下の生姜煮《しょうがに》。あ、刺し身は全部、八種類お願いします」

いきなり頼み過ぎでしょ！　初めての店だし、もっと計画的に頼もうよ。そんな言葉が喉元《のどもと》まで出かかったのですが。パキンと、無言で割り箸を割ったKの表情に、何も言えなくなってしまいました。う、先週も原稿遅れたもんな……。

言葉少なに熱燗を差し合っていると、刺し身の盛り合わせ前半四品が到着。気まずい商談の席に美女を配するオヤジの気持ちが、少しわかったような気がします。シロ（大腸）、ハツ（心臓）、生ガツ（胃）、ボイルしたガツ。この美しさに、座の雰囲気は一変。生ガツをポン酢につけて、つるり、

「これは、キタね」

「きましたか」

つい先程まで、深さもわからない溝が横たわっていたKとの間に、瞬時に吊《つ》り橋が渡されました。

肉自体の輝きもさることながら、タマネギのスライスと極薄に飾り切りされた人参《にんじん》というツマも絶妙。これは、どこの料亭に出しても恥ずかしくないのではないか。

『㐂美松』は、ソムリエの資格を持つ、講談社屈指の美食家のご推薦ということで、『乭美松』は、前評判は高かったのですが、これほどまでとは。

続いてレバ、タン、コブクロ（子宮）、きゃん玉（金玉）。全体的に白っぽかった前半と比べて、やや赤みがかった後半の一皿。味わいも、

「う〜ん、ネットリ。この前半後半は正しい」

「淡白から攻めて、徐々に粘度を上げていくということですね。私はコブクロが気に入りました」

「あとキンタマ。これは、何度食べても驚きがある」

「レバと系統は似てるけど、血の匂《にお》いがなくて、脂《あぶら》が乗ってる分、キンタマの方が上だと思います」
K、わかってるじゃん！　キンタマ、コブクロ、キンタマ、と交互に箸《はし》を伸ばすにつれて、吊り橋が徐々に鉄橋へと改築されていきます。
「あらいと茹で豚も、ポン酢系でしょ？　ここらで温かいものも頼もうよ」

「揚げ茄子《なす》なんてどうですか？」

うんうん、揚げ茄子と、煮込みももらおうか。少し気持ちに余裕が出てきたので、胡座《あぐら》をかいて、箸立ての「ひまつぶしコーナー」を読み上げます。

「外はしましま、中は水玉、これなあに？」

「西瓜《すいか》！」

今にして思えば、この時点で既に、我々は『㐂美松』の術中にハマっていたのですね。お品書きの豚のイラスト、「串《くし》入れ」とマジックで書かれた串入れ、野球のバットと「きみまつ」の文字が刺繡《ししゅう》されたコースター。このユルイ雰囲気に流されて、

「サトウさん、すっぱ酎、飲みましょうよ。『血液サラサラ！』って書いてありますよ」

Kが私の健康を気遣ってくれている……。私も、白みそ風味の煮込みの汁をずずっと啜《すす》り、

「ダシが効いてて品がいい。Kも飲みなよ」

半分残して、茶碗《ちゃわん》ごとパス。お互い、色々言いたいこともあったはずだけど、ま、どうでもいっか。うまけりゃいいじゃん！　名物の刺し身も一通り食べたし、そこそこ腹も膨れた。今日の取材は大収穫。この油断が命取りでした。

焼きものも、どうせうまいんでしょ？　そんな軽い気持ちで、おやじだんごとなんこつ（気管）を注文。おやじだんごを一口含んだ瞬間、

「ウッ、刺し身が名物なんじゃなかったの？」

今まで食べた、いろんなつくねの記憶が瞬時に更新。あぶねー。思わず呟《つぶや》いた私に気づく様子もなく、

「なんこつも、ヒットです」

食べ終えた串を、まるで他の人に食べられたかのように、悔しそうに見つめるK。私も慌《あわ》ててなんこつに手を伸ばし……、柔らかい、コリコリしてるのに柔らかい。こ

れはたしかに、一本終わると、ものすごく淋《さび》しい。本星は刺し身だけではなかった！　私たち、とんでもない店に来てしまった……。

「すいませんっ、ハツ塩、シロタレ、あとれんこんとタマネギもお願いします！」

人は本当においしいものに出会うと、感動します。そしてその感動のメーターの針が振り切れると、身の危険を覚えます。以前、とある鴨《かも》料理屋に行った後、一週間何を食べてもおいしくなくて、カップメンばかり食べていたという、恐ろしい記憶がフラッシュバック。一刻値千金という言葉がありますが、一食値千食。もうこの店で連載を終了させてもいいような、そんなアブない発想さえ、私の頭をよぎったのです。どうしよう……。いや、別にどうもしなくていいの？　とにかくちょっと待って。心を落ち着かせるため、

「浅草の『壵美松』、知ってる？　とにかくヤバイ」

Kがトイレに立った隙《すき》に、タケさんにメールを打ちます。六回目に登場したのでご記憶されている方もいるかもしれませんが、私に性の悦《よろこ》び、じゃなくてホルモンの悦びを教えてくれた、あの男です。

「へー、それは行きたいね」

「福岡に帰るのっていつ？」

「明後日《あさって》。朝イチの飛行機に乗ろうかと」

ちょっと待って！　アンタはまだ、東京で食べ残したものがある。ワン・モア・チャンス。明日の、東京最後の晩餐《ばんさん》を、私に任せてくれないか？

（二〇〇七年二月）

部位11　ホルモンヌの恩返し

日の暮れ方の雷門。平日の観光客と人力車の客引きに紛れて、見覚えのある黒い帽子が近づいてきました。タケさん！　背中についた芝を払ってやると、

「御苑《ぎょえん》に行ってた。朝から住民票を移したり、図書館に本を返したり、けっこう忙しかったな」

忙しいのに御苑？　御苑好きなのは知ってるけどさあ。川崎生まれ、東京住まいの私は、長距離転居者の心境は量りかねます。量りかねて、

「一品一品のレベルが異常に高い。豚のキンタマ食わせるくせに、品がよくて、敷居が低い。油断させといて、いつの間にかヤバイ世界に連れてく感じ」

昨日来たばかりの店、今日これから行く店がいかにとんでもないか。浅草寺《せんそうじ》の脇道《わきみち》を抜け、花やしきの裏手へ回る道すがら、口角泡飛ばしながら力説。

タケさんの案内によって、私がホルモン街道に足を踏み入れてしまったことは、以前お伝えしたとおり。明日東京を離れようとしている彼に、最後の晩餐を賭《か》けてリベンジ。じゃなくて、恩返しするべく、『𠮷美松』に二日連続の来店です。

五時半きっかりに店の格子戸《こうしど》をくぐると、

「注文はサトウさんに任せるよ」

言われなくとも、そのつもり。昨日ラスト・オーダーまで食べ続けた私が、きっちりエスコートしてあげよう。まずはポテトサラダと煮込み、同時に少し時間がかかる刺し身盛り合わせを頼みます。盛り合わせの内容は、生ガツ、シロ、コブクロ、きゃん玉。ゆうべ徹夜で吟味しました。

昨日の私と同様、タケさんは煮込みの具をたぐり、きれいに筋が浮いているのを目で確認。

「鮮度、あと下ごしらえ、かなり丁寧だと思う」

私の話を聞いているのかいないのか、目を閉じて、ウンウン、と頷《うなず》くように咀嚼《そしやく》しています。焼き肉屋で、中華料理屋で、カレー屋で、何度この味わいのポーズを目撃したことか。

熱燗《あつかん》と煮込みで、身も心も暖まってきた頃合いに、必殺、刺し身の盛り合わせが到着。どうよ？

「これは……、ジュエルだね」

ジュエルとは即《すなわ》ち、輝く肉だけに与えられる称号。大崎の焼き肉屋で、タケさんにそう教わりました。でもね、

「これは原石のジュエルじゃなくて、プラチナの土台を纏《まと》ったジュエリーだと思う」

苦笑しながら、予想どおり、タケさんはまずキンタマに箸を伸ばし、再び味わいのポーズ。徐々に首の上下運動が激化したかと思うと、かっと目を見開き、

「きゃん玉、いいね。きゃん玉、初めて食べた」

味と響き、両方を気に入ったんだね。その最後の一切れ、食べていいよ、あのときあの焼き肉屋で、最後のホルモンを私に譲ってくれたもんね……。

刺し身と焼きものは少々時間がかかる、ということは昨日予習済み。それを待つ間も、様々な愉《たの》しみがあるということも、もちろん予習済みです。焼きものと同時に、タン下の生姜煮と揚げ茄子を注文。

素揚げした茄子に、しょうがと醬油《しょうゆ》をかけただけ。こういう何てことない一品が、本当記憶に残るほどうまい。タン下の生姜煮も、昨日は最初に頼んでしまったけど、本当

はこうして熱燗でちびちび、酒のアテとして楽しみたかったのよ。おっ、焼きもの、来たね。

実はこの店、つくねだけでも鶏《とり》、豚、おやじだんご、三種類揃《そろ》っているのですが、一番おいしいのが、色々混ざったおやじだんご。肉に紛れた黄緑の粒を、タケさんが凝視しています。

「枝豆が入っているらしいよ。つくねに枝豆混ぜるセンスが、ただもんじゃないよ」

私の蘊蓄《うんちく》もそこそこに、

「うん、うん、うん」

タケさんはまたしても味わいのポーズ。なんこつ、れんこん、かしら、焼き鳥……どうした、何か言ってくれ！　いつもは「うまい」を連発するはずなのに。半眼で頷く表情は、涅槃《ねはん》像のお釈迦《しゃか》様のように穏やか。もしかして、私、ちょっと煽《あお》り過ぎた？　いや、

「ここで油断するとあぶないよ。おにぎりが控えてるから。私は、梅干し。昨日も食べたけど」

だって、また食べたいんだもん。旨《うま》い具合にタケさんは焼きおにぎりを選択。少し分けてもらうと、外は煎餅《せんべい》のようにパリパリ、中はふっくら。でも、梅干しのおにぎ

りもうまいんです。一口食べては、鼻をつけてクンクン、モグモグ。

「その海苔《のり》の匂いは、有明海だと思う」

そうなのよ、この海苔の匂いがたまんない。一人飯も慣れてるし、食べ歩きに付き合ってくれる友人は他にもいるけど、やっぱりこいつがいなくなると張り合いがなくなるなあ。

「次からは一人で両方頼む。このおにぎりなら、二個は余裕でしょ。豚汁も頼む？具沢山でうまいよ」

「俺、お腹《なか》いっぱい。たいへんおいしかった」

うまかった、は何度も聞いたけど。そんな丁寧な言葉遣い、タケさんらしくないよ。

七千円強の会計を済ませると、千束通りでタクシーを拾って、上野駅へ。人を呼び出しておいてナンですが、この後、落語を聴きに横浜に行く予定。

「いやー、満足した。もう東京には来なくていいくらい。福岡でもうまい店、開拓してみるかな。数じゃ東京には敵《かな》わないだろうけど」

十八で上京して、職を変えながら、借金をしながら、体を壊しながら、あちこちの飲食店や本屋、公園を漁色していたタケさん。その九年間を想像して、なんとなく、この人も飢えていたんだな、と思いました。

アメ横に寄る、というタケさんと改札口で別れて、桜木町行きの京浜東北線に乗車。仕事をしても、誰かに褒められても、男と付き合っても満たされない。その飢えが、私の場合はこうして飯の種になっているわけだけど。ふいに視界がぼやけて、今が花粉症の季節でよかったと、他人事のように目を擦りました。（二〇〇七年二月）

後日談：あまりの衝撃に二週続けて書いてしまった。そのせいでお店が混み過ぎて迷惑をかけてしまったと、後から人づてに聞きました。申し訳ないし、いたたまれない。

㐂《き》美《み》松《まつ》

最寄り駅　浅草
東京都台東区浅草四－三八－二
〇三－三八七四－五四七一
一七時三〇分～二三時
土日祝定休

部位 12

ウーロン茶鍋《なべ》

　二週連続で同じ店を紹介しちゃって、ネタ切れなんだろうと思われているかもしれませんが、実際その通りですよ。浅草の『㐂美松』のレベルが高過ぎて、他の店では満足できない体になってしまったのではないかと思うと、新しい店に行くのが恐《こわ》い。あの時あの店で身の危険を感じた、私の本能は正しかった。

　でも仕事だもんなー。数日煩悶《はんもん》していると、マイ・ホルモンヌ、ヤマさんが、中目黒『鳥小屋』本店を予約してくれたとのこと。今まで、私が一方的にホルモン食いに付き合わせてきたヤマさん。彼女の方からのお誘いは今回が初めてです。ついに自らホルモンを欲するようになってきたんだね、嬉《うれ》しいよ。

　『鳥小屋』は有名人も多く訪れる、博多モツ鍋の超有名店。前に一度行ったことがあるけど、確かにあそこのモツ鍋はうまかった。うまかった気がするけど、味が思い出せない。恋をして過去の男を忘れるように、『芪美松』以前の味は（ごく一部を除いて）、きれいさっぱり忘れてしまった私。リメンバー・ホルモン。

『鳥小屋』に到着すると、なぜか他の友人三人も揃ってお出迎え。どうやらサプライズで、私の誕生日を祝おうとしてくれていたようです。

祝われる喜びに浸ったのも束《つか》の間《ま》、まずはメニューを熟読。日頃から、目上の人といるとき以外は、私は率先して注文を決めます。仕切り屋と呼ばれても構わない。だって、食べ合わせ、順番、量、すべてにおいてベストを尽くしたいんだもん。ツマミ類はどれも四〜六百円なので、いろいろ目移りしてしまいますが、この日のメインは鍋。頼み過ぎは禁物です。

「鳥皮サラダ、牛すじ煮込み、明太卵焼き、酢モツ、とりあえずそんなところかね」

「レバ刺しは？」

「うーん、今日はいいかな……」

ごめん、今はまだ、他の店で刺し身を試す勇気がないよ。もちろん、みんなが食べるなら、頼もうか。

芸能人に人気といっても、店内は至って普通の居酒屋風。絨毯《じゅうたん》敷の座敷に胡座《あぐら》して、歓談すること数分、こんもりとキャベツとニラが乗っかった博多モツ鍋九百五十円、四人前が到着しました。誕生日だろうとなんだろうと、鍋奉行は鍋奉行。じわじわと嵩《かさ》が減る様子を観察し、

「そろそろいいと思うよ」

キャベツのくたくた具合を確かめてゴーサイン。

「モツ鍋って初めて食べたけど、ぷるぷるだねえ」

「ほんと。コラーゲン、コラーゲン。野菜がたくさん摂《と》れるのも嬉しいね。ねえ、あそこの色紙、『島古屋さんへ』って書いてあるよ、なんだろ？」

「『鳥小屋』の当て字でしょ、気が利《き》いてるつもりかね。〇〇、頭悪そうだからなあ。追加用野菜五百円って書いてある。追加する？」

「それならキノコも頼もうよ。あ、この曲、ザードじゃない？ 懐《なつ》かしい」

壁一面に貼《は》られた色紙と、店内に流れる九〇年代歌謡曲を肴《さかな》に、ワイワイ鍋を楽しむ仲間達。うんうん、鍋ってこういうもんだよね。

モツ鍋はもともと博多の郷土料理。味噌《みそ》風味から、ポン酢や柚胡椒《ゆずこしょう》で食べる水炊《た》き風など、店によって味付けは様々ですが、『鳥小屋』は醬油ベースのだし汁で、ホルモンとキャベツ、ニラを煮るだけ。ニンニクのスライスと輪切り唐辛子で風味を添え

てあるけれども、かなりシンプルです。それとなく、店員のお姉さんに聞いてみると、

「ウーロン茶です」

きっと企業秘密なのでしょう。たしかに、コップで出されたらお茶と見分けがつかないほど、茶色く透き通っただし汁の完成度は、『廷美松』以降の私の舌にも依然としてハイレベル。博多出身の友人が「東京で食べたもつ鍋の中で一番うまかった」と評した言葉に、異論はないのですが。

前に来たときは気づかなかったけど、鍋のホルモンに本当にごくわずか、微妙な臭みを感じてしまいました。野菜ときのこを追加すると、気前よくだし汁も注ぎ足してくれるのですが、それじゃあどんどん煮詰まって、味が濃くなっちゃうよ！　むしろ足すべきは水なのでは？……うーん、何か違う。これってやっぱり『廷美松』のせい？　私、他の店では満足できなくなってしまったの？

「モツも追加できるみたいだね。足す？」

「もういいんじゃないかな、お腹《なか》いっぱいかも」

やんわり断ると、

「あーあ、今日で連休も終わりかー」

会社勤めの友人が何気なく呟《つぶや》いた一言で、重大な事実に気が付きました。そうか、今日は祝日だ！

実は私、ホルモンを食べるなら平日、と心に決めています。理由は簡単、日祝日は食肉市場がお休みだから。

ホルモンは鮮度が命。その日仕入れたばかりの肉を食べた方がおいしいに決まっています。大概のホルモン専門店は日祝日が定休日。つまり、年中無休の店では、日祝日は前の日に買い置きしておいたホルモンを出しているのですね。だから平日や土曜日と比べると、どうしても味が落ちてしまう。ような気がする。

たしかに、この日食べたツマミ類も、比較的鮮度に影響されない牛すじ煮込みと、明太卵焼き以外は、あまり記憶に残っていません。うーん、これは『岊美松』ショックによるものなのか、祝日のせいなのか、それとも『鳥小屋』本来の実力なのか。

シメのちゃんぽん麵《めん》二百五十円をズルズルやりながら、ついついそんなことを考えてしまいます。二十七歳という年齢には、何の感慨も疑問も持てずにいるけれど。身に余る友情と、食べることに関する己の業《ごう》の深さが染《し》み渡る、初春の宵の口でした。

（二〇〇七年三月）

後日談…街の再開発のため、中目黒ガード下の飲み屋はほとんどなくなってしまいました。『鳥小屋』は近所に移転したものの、淋《さび》しいね。それと、翌年は友人の家でカニしゃぶパーティをしてもらいました。おいしかった。人も街も、こうして歳《とし》を重ねるのか。

鳥小屋

最寄り駅　中目黒
東京都目黒区上目黒二―一四―一
〇三―三七一〇―六七六〇
一七時～二七時（日祝～二五時）
無休

部位13

三角食べ

焼肉タウン・学芸大学。私は勝手にそう呼び習わしています。渋谷、恵比寿方面に近くて、東急ストアと商店街も充実。学生から若奥様にまで人気の住宅地なのですが、この規模の街としては、やたらと焼肉屋が多い。ざっと歩いた印象によると、七、八店はあるのではないか。

霜降りカルビやロースを味わいたいなら『びーふてい』や『ぱっぷHOUSE』、いろんなホルモンを楽しみたいなら『闇市倶楽部《やみいちくらぶ》』。どんなタイプの焼肉好きも、この街に住めば安心です。

バラエティ豊かなだけでなく、『闇市倶楽部』は肉も店員も目黒店よりレベルが高いし、正肉自慢の店も、他のエリアの焼肉屋と比べて、手ごろな値段で高級和牛を提供している。いくつかの店を訪れた結果、各店が競い合うことで平均値の高さを維持している、これぞ焼肉タウンと確信した次第です。

意外と取材熱心に思われるかもしれませんが、何のことはない、実はこの焼肉タウンに、焼肉好きの友人、アイさんが住んでいるのです。

焼肉好きに加えて、仕事中の怪我《けが》で自宅療養かつリハビリ中のアイさんに、

「スタミナ、スタミナつけないとね」

親切顔を装《よそお》って、今日も焼肉デートに誘います。頼もしいことに、

「『闇市』にする？　それとも他の店に行ってみる？　ワカコちゃんの口に合うかどうかわからないけど、『あらちゃん』も、おいしかったよ」

地元情報の有り難さ、そして、選べる喜び。よし、今日は『あらちゃん』にしよう！

線路沿いを横浜方面に歩くこと五分。ガード下のこぢんまりした店内には、馬蹄《ばてい》型のカウンター約十五席だけ。夕方六時とあって、まだ他に客はいません。煤《すす》けた壁のメニューを見渡して、

「ネギ塩ハラミ、コプチャン、ホルモンＭＩＸ、野菜焼きともやしサラダ。あと、レバ刺しも頼んでいい？」

実はアイさん、レバは比較的苦手なのですが、

「スタミナ、スタミナつけようよ」

「そうだね、前に大崎の焼肉屋で食べたレバ刺しはおいしかったから、大丈夫かもしれない」

ごめんね、ほんとは私が食べたいだけなのよ。

この日のレバ刺しは、きちんと血抜きがしてあって、私には十分合格点でしたが、アイさんの舌にはやや臭みが感じられた様子。栄養、栄養、と呟きながら、小さい一切れを口に運んでいます。うんうん、でかいのは私に任せといて。

ネギ塩ハラミを網の上に乗せると、七輪からすごい勢いで煙がモウモウ。これは、脂《あぶら》が乗っている。口にすると、脂と塩ダレと唾液《だえき》、三位《さんみ》一体のジュワジュワ感。ジューシーってこういうことを言うのだよ！　焼肉でご飯を食べるのが大好きなアイさんは、早々に、

「私、ご飯をもらってもいいかね？」

もちろんだよ、どんどん食べなさい。

コプチャンは小腸、いわゆるホルモンを味噌ダレに漬け込んだもの。ホルモン食べるなら塩派の私ですが、この味噌ダレには大賛成です。まず、タレの奥に肉の裏表が

はっきり見てとれる。そして、味噌ダレでありながらしつこくない。焼肉屋ではひたすらビールかマッコリを呷《あお》るのが常だったけれども、

「……私も、ご飯もらう」

だって、隣で食べてるのが羨《うらや》ましくなっちゃったんだもん。網をそっちのけで、白飯をかっこんでいると、

「二度付けしてもいいかね？」

網の上のネギを一旦《いったん》皿に戻し、芯《しん》を箸《はし》で取り出して、内側にもタレを絡《から》ませるアイさん。その工夫が嬉しい。実際、この店は肉質もさることながら、タレがいちいちい塩梅《あんばい》なんだよな。

ホルモンMIXは、ミノ、レバ、ハツ、ホルモンの盛り合わせ。薄めの味噌ダレに浸《つ》けてあるのですが、さらにカウンターの上の醤油《しょうゆ》ダレを付けると、ご飯が進むこと、進むこと。

「ハラミ、もう一回頼んでもいい？」

「私もそう思ってた」

「金印ハラミっていうのもあるけど、どっちかなあ」

普通のハラミが八百四十円、金印は千五百七十五円。しばし考えて、

「さっきのネギ塩、リピートしよう。ケチるわけじゃないけど」

私に最後まで言わせることなく、アイさんは力強く頷《うなず》きます。単純にさっきのハラミをもう一回食べたいよね。わざわざ高価なハラミを求めるよりは、普通の肉の旨味《うまみ》を存分に引き出す、この店のタレに一票。

ただの酒飲みだと思われているかもしれませんが、私、炭水化物も好きなんです。お酒を飲む人はご飯を食べない、どうしてそんな理屈が世間で罷《まか》り通っているのか、わかりません。

実はこの取材を続ける中でも、ひそかに悩まされていたのが炭水化物問題。焼肉屋では、〆《しめ》に冷麺かクッパを食べることが多いけど、メインの焼肉と比べてテキトー、あまりおいしくない場合も多いのですね。何かもっとこう、気が利いた炭水化物はないの？

いや、焼肉屋には白飯という選択肢があった！　子どもの頃は常識だったのに、ここ数年、肉の焼き加減と酒の残量に気をとられて、すっかり忘れていました。

「うん、塩ダレとご飯もイケルね！」

ビール↓肉↓白飯↓ビール。この三角食べに没頭する私の隣で、アイさんはウーロン茶↓肉↓白飯↓ウーロン茶。実は彼女、リハビリ中につき、この日、酒は一滴も飲んでいません。友人関係において、酒はかすがいと思っていたけれども。「同じ釜《かま》の飯」という言葉がふと頭をよぎり、白飯もかすがいだと実感しました。

（二〇〇七年三月）

後日談：ちなみに学芸大学には魚がうまい店も多い。こないだ食べたイカのホイル焼きもうまかった。余ったイカワタが勿体《もったい》ないということになり、アイさんが目を付けたのが刺身のツマの大根。絡めて食べたら、イカワタのねっとり感と大根のシャキシャキ感が見事にマッチ。そういう工夫、ほんと好き。

あらちゃん

最寄り駅　学芸大学
東京都目黒区鷹番三－四－一三
〇三－三七九二－九九五八
一七時～二六時
無休

部位14

焼き鳥銀座

銀座が好き、なんて書くと、意外を通り越して笑われるのでしょうね。でも好きですよ、銀座。服や鞄《かばん》を買うでもなく、もっぱら飲むだけ。行く店も大体決まってるけど。

道路が広いのもいいし、路地が路地としてあるのもいい。キャッチに声をかけられることもなければ、疎外感《そがいかん》を感じることもない。街全体がケチケチ、セコセコしてない感じ。銀座では大抵、一人か目上の人と飲むことが多いのですが、

「今日、空いてたら飲もう」

千代田区に勤めるOL、ヤマさんを誘います。平日の午後七時に三原橋の三越側で待ち合わせると、

「よかったー、こっちで合ってたよね。三越って他にもあるのかと思っちゃった」

以前、やはりこの付近で待ち合わせた時に「晴海通りを海の方に歩いてきて」と伝えただけで、ヤマさんは私が銀座に詳しいと思い込んでいる様子。うーん、三越なんて私も数えるほどしか入ったことないんだけどなあ。

焼き鳥屋『武ちゃん』は、さる信用できる筋からのオススメだったので、うまいということは、あらかじめわかっていました。わかっていたけど、

「あたし、この店、好き」

一本目のササミを口にするや否《いな》や、ヤマさんは即、断言。彼女はもともとササミやつくねが大好きなのですが、ササミにたっぷりワサビが乗っていたり、タレのつくねの間に塩を振ったうずらが挟まっていたりと、こまかい技やセンスがツボに嵌《はま》った様子。

焼き鳥コース十本二千二百円（半コース千四百円、いずれもエシャロット一本と大根おろし、鶏《とり》スープ付き）。この値段を銀座価格ととるか、安いととるかは、人によるかもしれません。私は四本目のレバを食べた段階で、安いと判断しました。

レバもいろんな店で食べたけれども、かなり上位に食い込みます。柔らかくて、おそらく塩で食べてもまったく臭みがないのだろうなと思わされる上物のレバを、フシ

ギなタレで味付けしているのですね。私は山椒《さんしょう》か何か、香辛料の刺激を受け取ったけれども、ヤマさんは「味噌《みそ》じゃない？」。二人ともまったく舌が利《き》かないようでお恥ずかしいのですが、無理もない。あっというま、気が付いたら食べ終わっていた。

途中、ぐい呑《の》みで供される鶏スープも嬉《うれ》しい。汁もの大好きのヤマさんはあっという間に飲み干して、後から他の客がお代わりしているのを見ると、

「失敗した……。次から絶対お代わりしよう」

うんうん、でも二杯までにしとこうね。ほんとはどんぶりで飲みたいだろうけど。瓶ビールを分け合った後は、常温のお酒をそれぞれ手酌で。花見なんか行かなくとも、春を感じるね。

焼き台は常に二人態勢。奥の職人さんを指して、

「眉毛《まゆげ》が、いつかの総理大臣みたい」

ヤマさんが小声で呟《つぶや》きます。手前では、それより若い職人さんが手羽先に目を光らせて、鋏《はさみ》で焦《こ》げ目をちょきちょき。年月で培われた技術と、弛《ゆる》まぬ神経をもって焼き上げた串《くし》を食べるのだと思えば、なおのこと安い。色違いのプラスチックのプレートを客ごとに数えるなど（コースは青とか、お酒は白とか決まっているのでしょう）、お勘定もスマートです。

神経が行き届いていると言っても、必要以上に敷居が高いわけではない。しいたけや鴨《かも》アスパラなど、コースに組み込まれていない串を頼むこともできるし、三角巾《さんかくきん》をつけたオバちゃんが、

「お新香はいかがですか?」

ありがとうございます、お願いします。二人前届いたお新香も、最初は多いかなと思ったけれども、じきに完食、足りないくらいでした。

ざっと店内を見渡したところ、客の平均年齢は五十代半ばくらい? オバちゃんなどと書いてしまったけれども、この店では「おねえさん」。三人のおねえさん達が、互いに「しげちゃん、ちょっとそれとって」「かよちゃん、スープもう出てる?」などと呼び合うのも、生意気な言い方だけれども、微笑《ほほえ》ましい。

ネギマ、鴨塩、しいたけ、順調に食べ進め、私が焼き鳥の中でも偏愛している鳥皮が到着。待ってたよ!

「ワカコさん、これ、タレだけど……」

全然オッケーよ。鳥皮と言われて私が想像するのは、塩でカリカリに焼いたものだったけど。ここまで脂と一体化してくれれば、むしろタレの方がおいしいかもしれない。

手羽先、銀杏《ぎんなん》、ハツタレ、計十二本を食べ終え、

「海苔《のり》茶漬けと、お酒も、もう二合下さい」

一緒でいいの？　とおねえさんに苦笑されてしまいました。見ると、入店した時とはほとんど客が入れ替わっています。本当は、半コースでお酒を飲んでさくっと帰る店なのでしょうね。無粋な客で、スミマセン……。

私とヤマさんの間柄なので、もう一軒寄るのは当然。時々顔を出す、銀座一のぼったくりバー（オーナー自らそう称しているので仕方ない）に誘うと、

「うーん、私にはまだ早い」

銀座というよりは新橋寄り、コリドー街の比較的カジュアルなバーに寄ることになりました。

五反田で先にタクシーを降りて、時計を見ると、午前一時半。明日も会社だろうに。ぼったくりバーには本当は誘うべきではないのかもしれないと思いつつ、誘ってしまう私と、一線は超えないとでも言うように、やっぱり遠慮するヤマさん。カタギの勤めをこなしながら、こういう人と付き合うって、どんな気分なんだろ。短い付き合いじゃないはずだけど、実は私は彼女のことをよく知らないのかもしれません。

（二〇〇七年三月）

後日談：ぼったくりバーは、番外篇に登場するダークフク先生の根城です。私は（金がないと思われているため）良心価格で飲んでます。今ではヤマさんもついてきてくれるようになりました。酒飲みにはカタギもヤクザも関係ないと、認識を改めつつある今日この頃。

武ちゃん

最寄り駅　東銀座
東京都中央区銀座四－八－一三
〇三－三五六一－六八八九
一七時〜二一時三〇分　日祝定休

部位15

悶々《もんもん》特急 塩ラーメン行き

「そろそろ、東京を出るタイミングなんじゃないか」

編集長の指令により、遂《つい》に我々「チーム悶々」も、まだ見ぬホルモンを求めて遠征することになりました。まあ遠征と言っても向かった先は神奈川県厚木市、隣の県なんだけどね。

平日の昼下がり、新宿駅小田急線の改札口に集ったのは、担当編集者Kと、アルパカ似編集者ヤナパカ、私。そして、編集長のフルカワさん。

実はフルカワさん、ホルモン食いの結果、ドクター・ストップがかかってしまったほどのホルモニアンなのです。なぜこんな連載が始まってしまったのか、フシギに思っていた読者も多いと思いますが、単に編集長がホルモン好きだからなんですよ。

「年に四回しか食べられないんだよ。一切食べられなくなったら悲しいじゃない。食べ続けるためには我慢することも必要なんだよ」

中年の哀愁は、私にはまだわかりません。ロマンスカーの座席をぐるっと回転させて、持参したシャンパンを開栓。電車での中長距離移動にはこれが欠かせません。さあ、飲みましょう、飲みましょう。


年四回の貴重な機会を費やして、フルカワさんが腰を上げたのも無理はない。本厚木駅から徒歩十分の『酔笑苑《すいしょうえん》』（いい名前だね！）では、神奈川食肉センターから直接高座豚《こうざぶた》を仕入れているらしいのです。

開店の午後四時にお店に到着すると、かなり急な外階段を登って二階の座敷に通されました。誰もいないどころか、まだ灯りさえともっていません。薄明るい自然光の中、みな少し照れた面持ちで、ホッピーで乾杯。フルカワさんは、熟練された目付きでメニューを眺めていたかと思うと、

「注文はサトウさんに任せよう」

私に差し出します。これはもしや、試されている？

「とりあえずホルモンＭＩＸを頼みましょう。その中でおいしかった部位を後からリピートするという作戦で。ＭＩＸに含まれないもので、気になるものありますか？」

「コブシンって何？」

「あの、ピストンってなんでしょうか？」

Kとヤナパカが矢継ぎ早に、気になる部位をピックアップ。店員さんの説明によると、コブシンはコブクロ(子宮)の芯《しん》、ピストンは心臓近くの太い血管とのこと。心臓と聞いて、少しがっかりした様子のヤナパカ。みんな下品で本当によかった。

シロ、カシラ、レバ、ハツ、タン、ナンコツ、キンタマ。ホルモンMIXはそれぞれ二、三切れしかありません。取材首謀者の特権を生かして味見した結果、全体的に漬け込みのタレは、塩もしくは味噌、共にいい塩梅《あんばい》、臭みもなく新鮮なのですが、ちょっと脂《あぶら》っ気が足りないかな。良く言えばさっぱり、悪く言えばパサパサ。比較的脂が乗っていた、

「シロとキンタマ、追加！」

創業四十年ということで、店内は適度に年季が入っています。薄緑色の窓枠越しに、アサヒビールの赤白の提灯《ちょうちん》が揺れて、向い側のどーでもいい感じの駐車場がガラ空き。昭和ってこんな感じだったっけ。

平成よりは昭和を多く見てきたはずのフルカワさんに目をやると、懐《なつ》かしい風景に目を細めるでもなく、ギラついた目付きで炭火ロースターの上のホルモンを見つめて

います。この人、現役だ！　立ち上がる火柱に立ち向かい、

「このアミレバ、そろそろいいんじゃない？」

正確にはアミレバスペシャル。この店のオリジナルメニューです。ホルモン、もしくはフランス料理に造詣《ぞうけい》のある方ならご存知のことと思いますが、網脂とは、豚の内臓を包んでいるネット状の脂。この網脂でニンニクとレバを包んだのが、アミレバスペシャルです。誰もが期待に胸を膨らませましたが、

「うん、うん……」

いや、うまいんですよ。うまいけど、ニンニクのみじん切りはあらかじめタレに漬け込むべきなのでは。

失礼を承知で領収書を覗《のぞ》き込むと、四人で飲み食いして約一万五千円。値段と比して、かなりよい。都内にあったら、けっこう通うのではないか。会計を済ませる頃には、大方日も暮れて、一階のコの字型カウンターには、オッサンが連なっています。ほぼ全員、一人で小さな七輪と向き合う背中には、たしかに中高年の哀愁が漂っていました。

出入り口付近に陣取っていたオッサンにぶつかり、スイマセン、と頭を下げると、

「まいど〜」

あ、もしかして店長ですね……。

「うーん、フツーだな」

そう、フルカワさんの言葉どおり、フツーなんですよ。厚木まで来てこれかよ？　と怒りに駆られるでもなく、厚木まで来て本当によかった、と感動するでもない。残るのはただ、私たち、厚木まで来て、昼間から何やってんの？　という自虐《じぎゃく》のみ。

「でも、コブシンとシビレはヒットでしたよ」

歯触り重視のKは、自分を慰めるように言います。

「私、ピストンとキンタマが気に入りました」

ヤナパカは下ネタ路線を頑《かたく》なにキープ。でも、

「この近くに、塩ラーメンで有名な店があるよ」

フルカワさんの提言に食いついてしまったのは、私だけではなかった。携帯電話の機能を駆使して、件《くだん》のラーメン屋『本丸亭』の電話番号を探し当てたK。帰りのロマンスカーの切符の時間変更のために、駅まで往復してくれたヤナパカ。

実際、『本丸亭』の塩チャーシューの脂身を味わって初めて、厚木まで来てよかった、と実感することができました。ホルモン取材で来ておいて、その結論って、ど

うなの？　誰もが疑念を抱きながら、己の胃袋には嘘《うそ》を吐《つ》けない。それが、チーム悶々です。

（二〇〇七年四月）

後日談：新幹線でシャンパンを飲むのがすごく好き。どれくらい好きかと言うと、一人でも時々、二〇〇㎖のポメリーを持ち込んでしまうくらい好き。で、ロマンスカーでも試してみたかったんだけど、さすがにちょっと、みなさん引いてました。あと隣り合って座っていたフルカワさんとヤナパカが、不倫旅行カップルみたいで笑った。

酔《すい》笑《しょう》苑《えん》

最寄り駅　本厚木
神奈川県厚木市中町三－二－二
〇四六－二三一－六二四五
一六時～二三時（土二五時三〇分～
日祝～二二時）第一、第三月曜定休

部位16

肝刺し、骨、串《くし》焼き、レバ、ひれ、ばら、スモーク、佃煮《つくだに》！

この連載の担当を始めてから、体重が五キロ増えたというアルパカ似編集者のヤナパカ。

「そうなの？　今の方がかわいいよ？」

「ヤダ、ホントですか？　アッハハハハ」

いや、そこ照れるところじゃないから。

「あのー、魚の内臓もホルモンですよね？　うなぎの内臓がうまい店があるんです」

うーん、まあホルモン＝放るもん、と言えなくもないが。うなぎの肝だったら、むしろ希少部位って感じでしょ？　若干躊躇《ちゅうちょ》したものの、

「その店で、ヤナパカの真価が問われるね」

「え～、どうしようどうしよう」

自分が話題にされるだけで嬉《うれ》しい。そんなヤナパカが推薦する店って、どんな店？取材というより、ごく個人的な興味から、中野『川二郎』へ。

ブロードウェイ商店街の脇道《わきみち》に入って、縄のれんをくぐると、十席あるかないかのカウンター席に先客は一人だけ。まだ五時半だもんね。

「おっ、ギネスある」

ビールを何種類も揃《そろ》えているわけではないのに、これは嬉しいね。

串コース千百二十円と同時に、肝刺しと骨の唐揚げを注文。肝刺しはうなぎの内臓をボイルしたもの。にんにく醤油《じょうゆ》につけて、ギネスごくごく、骨ぽりぽり。子どもの頃から甘いお菓子よりせんべいが好きだった私にとって、この骨せんべいは嬉しい。袋菓子を一気食いするタイプなのでしょう、ヤナパカも皿と口元、休みなく手を往復させています。そんなに焦《あせ》らないで、もっと会話を楽しもうよ。

「なんでこの店知ってたの？　誰と来たの？」

ツマミをつつくように、ヤナパカの交友関係を根掘り葉掘りしていると、まずはきもとレバが到着。肉の内臓に慣れ切った身としては、どっちも肝臓じゃないの？　と不審に思いましたが、うなぎの場合、きもは内臓一般、レバは肝臓を指し示すようです。きもはいろんな歯ごたえが少しずつ混ざっていて、レバはぷりぷり。肉の内臓にはない、魚独特の苦みが、タレの甘みの奥に見え隠れ。ヤナパカは早くもギネスを飲み干し、

「すいませーん、ワイン、ソーダ割り」

え、そんなのあるの？　ご主人とおかみさんも、

「それはちょっと、聞いたことないな」

ですよね、普通のワインで大丈夫ですよ。どうせこの人ザルだから。あ、私は日本酒、常温で。

「はい次、八幡《やわた》巻きと、ひれ」

カウンター越しに次々に串がサーブされる具合は、たしかにやきとんや焼き鳥屋と似てなくもない。というよりまるきり同じだな。

ひれと聞くと、ヒレ肉を思い浮かべてしまいますが、ここでは背びれや尾びれのこと。内側にニラが巻いてあります。細長いうなぎの身で牛蒡《ごぼう》を巻いた八幡巻きと同様、野菜の使い方がうまい。

アバラの肉をこそぎ落したばら、縦長に切った細いうなぎの肉をぐるぐる巻いた串巻き。正直、ただの肝焼きだったら、他のうなぎ屋でも食べてるし、当初は取材にな

るのかどうか、半信半疑だったのですが。計六本のコースを食べ終え、ヤナパカがなぜこの店に私を連れてきたのか、少しわかったような気がします。

「ちょっとそこ、椅子《いす》ひいてくれる？」

はい、すいません。六時を過ぎると、狭い店内はあっという間に満席。でも、この狭さが丁度いい。うなぎをまるまる全部食らい尽くそうという心意気を、店主、おかみさん、客、この場にいる人全《すべ》てが共有している一体感。壁のお品書きに改めて目を遣《や》り、

「短冊《たんざく》って何ですか？」

「普通に言うところの蒲焼《かばや》きですね。にんにく・ワサビ・生姜《しょうが》醬油、タレ焼、塩焼がありますけど」

そうか、普通の蒲焼き、まだ食べてなかった。うーん、塩で行こう。「時間がかかります」と注意書きされたうな丼《どん》九百円も今のうちに注文。飽き足らずカウンターの上も物色していると、

「それ、うなぎの燻製《くんせい》です。おいしいですよ」

燻製と聞いたら、食わずにいられない。スモークってどうしてあんなにうまいんでしょうね。世の中何でも燻《いぶ》せばいいんじゃないの？

直焼《じかや》きの蒲焼きは、蒸してから焼いたものより、皮がパリパリ。普通の白焼きだったらわさび醤油が欲しいところですが、塩で十分。日本酒、もう一合！　銀杏《ぎんなん》、ネギ、椎茸《しいたけ》など、野菜の串焼きでつないでいると、うな丼が到着。これだけ食べて、うな丼を最後までおいしく完食できるかどうか、確信が持てなかったのですが。蓋《ふた》を開けた時の幸福感が消えることはなかった。

うなぎといえば、一般的にはご馳走《ちそう》です。大磯《おおいそ》の『國《くに》よし』や神田の『神田川』など、畳のお座敷で、奮発して食べるものだと思っていました。しかしこの日、これだけ飲み食いして、きもの佃煮のお土産付きで、一人約五千円。ヤナパカ、意外とやるじゃん！

うまい店に連れて行ったのに無反応だった人とその後疎遠《そえん》になったり、某イタリアンチエーン店を貶《けな》し合うことで初対面ながらに意気投合したり。人間関係の八割は食で築かれると言っても、（私にとっては）過言ではありません。この日もその顕著な例。ヤナパカを見直した勢いで飲み続けた挙句、

「サトウさん、ウチ来ませんか？」

母親と二人暮らしの自宅を訪問することに。担当編集者のお母さんと川の字で寝る

というフシギな事態に戸惑いつつも、

「ヤナパカ、スッピンの方がかわいいよ？」

「アッハハハ、あんま見ないで下さいよ〜」

きもの佃煮で二人仲良く朝ご飯。ヤナパカの照れ笑いが、少しかわいく見えてきました。


（二〇〇七年四月）

後日談：道すがら「二浪中の浪人生の部屋みたいだって言われます」って言うから、どんな部屋だ？　と思ったけど、ほんとにそのとおりでした。朝っぱらから床にゴロゴロして『漂流教室』を読み耽《ふけ》ってしまうくらい、浪人ムードが漂っていた。ヤナパカと飲むと、いつもヘンなことになるんだよな。おもろいけど原稿に書けないネタ多過ぎるし。

川二郎

最寄り駅　中野（北口）
東京都中野区中野五－五五－一〇
〇三－三三八九－四一九二
一七時三〇分〜二三時　日曜定休

部位17 宇《う》ち入《い》り前夜

葛飾《かつしか》区立石の『宇《う》ち多《だ》』。この店を抜きにしてホルモンを語ることはできない、いわば東京ホルモニアンの聖地です。一部のファンは、『宇ち多』に行くことを『宇ち入り』と称しているのですが、たしかに、気合いというか、覚悟を要するのですね。ここに一人で入れるようになったら一人前。いつしかそんなハードルを自分に課してきました。

薄汚い幅広のズボンに、黒いナイロンのジャンパー。内ポケットに剝《む》き出しの紙幣を突っ込み、外ポケットにはタバコとライターとケータイ。二十七歳独身女性としては、オワッテルとしか思えない服装が、私の「宇ち入り」スタイルです。まー普段と大して変わんないけど、敢《あ》えて言うなら、店内狭いので手ぶらに越したことはない。待ち時間に備えて、キオスクで『週刊新潮』を仕入れて、いざ出陣。

肩に力入り過ぎなんじゃないの？　と思われるかもしれませんが、仕方ないんです。立石という街自体、昔は赤線があった、と言われれば、思わず知ったかぶりで「なるほどね」と頷《うなず》きたくなるような佇《たたず》まい。立石仲見世商店街に位置する『宇ち多』では、午後二時から、大手町あたりにはいそうもない風体のオッサンが五、六十人ぎっちり集まって、いいように酒を飲んでいる。お品書きには「もつ焼き」としか書かれていないのに、「レバタレよく焼き」「カシラ素焼きわか焼き」など、独特の注文用語が飛び交い、煙草《たばこ》はそのまま床へ（灰皿はない）。ハードボイルドなこの酒場にあって、泥酔《でいすい》は厳禁。客の顔を見て判断するらしく、場合によっては三杯で追い出される。

熱心なファンは開店前から並んでいるので、最初の客が出る時機を狙《ねら》って二時半に到着したのですが、それでも待つこと約二十分。まずはウメ割り百七十円、と言っても常温の焼酎《しょうちゅう》にちょびっと梅シロップを垂らしただけ。ほとんど生の焼酎じゃん。続いて煮込みとお新香。テーブルが狭いので頼み過ぎは禁物です。煮込みはいろんな内臓が一緒くたになった、こってり味噌《みそ》風味。ネギやショウガなどの薬味は一切なし。一味をふりかけ、煮込み、ウメ割り、お新香、と一心不乱にがっついていると、向かいのおじさんが私のウメ割りを指して、何か言っています。

「好きそうですね」

こういう時は要注意。気を遣って話しかけてくれるのでしょうし、この手のおじさんと話すのは嫌いじゃないのですが、あまり仲良くなり過ぎると、酒場の空気を壊すことになりかねない。経験上、愛想を保ちつつ、ピントがずれた返答をするのが得策です。

「はい、梅干し、大好きなんです」

煮込みの皿が片付く頃、周囲の客とタイミングを合わせて、「アブラナマ」。アブラは豚の首の肉、それをボイルして冷やして、醬油風のタレをかけたのが「アブラナマ」。これ、私の一押しです。ブロック状の脂身《あぶらみ》の旨《うま》さといったら、そこらのラーメン屋のチャーシューなんか目じゃない。二本百七十円でかなりのボリュームなのですが、もう一皿食べたい。その気持ちを抑えて、「なんこつ塩わか焼き」。

この『宇ち多』独特の注文方式、私は「宇ち入り倶楽部《くらぶ》」というお店公認のファンサイトで予習しました。「部位名、味付け、焼き加減」というのが基本文法。部位はシロ、レバ、ガツ、ナンコツ、アブラ、ハツ、カシラがスタンダードだけど、タン、テッポウ（直腸）など、早い者勝ちの希少部位もあるらしい。味付けは、塩、タレ、味噌、素焼き（焼いた後に醬油風のタレをかける）の中から選んで、焼き加減はわか焼き、普通焼き、よく焼きの三段階。詳細は「宇ち入り倶楽部」で検索してみて下さい。

実は、編集部の「チーム悶々《もんもん》」と来訪した際に、思いつく限り注文を重ね、顎《あご》が筋肉痛になるほど食べ続けたのですが、どれもうまいのですね。比類ない自由度と、品質の高さを前に、

「そこ、もうちょい詰めて。注文？　後で聞くから」

一癖も二癖もありそうな飲んだくれオヤジたちも、眼光鋭い店員の一声には絶対服従。

ナンコツをこりこり嚙《か》み砕きながら、恐ろしい事実に気が付きました。お代わりしたばかりのウメ割りが、いつの間にか空になっている。実はある事情から、私はこの日、二杯半で打ち止めにしようと自主規制をかけていたのです。

「ガツ素焼きお酢、あとアブラナマ、ウメ割り、半分」

断腸の思いで最後の二皿、最後の半杯を決断。半杯といっても、ほとんど一杯と変わんないんだけどね。

入店する際、奥から詰めて座ろうとすると、

「うおいっ、ちょっと待って！」

店のオヤジさんの怒声が響きました。なになに、私何かマズイことした？　よくわからないまま素直に通路に突っ立っていると、私の後に並んでいたお兄さんたちを先に通して、通路側の席を指さすオヤジさん。男性客に挟まれては居心地が悪かろう、という心遣い。この忙しい店で、なかなかできることじゃない。

オヤジ酒場を荒すことに対しては、私も少なからず罪悪感を抱いています。招かれざる客としての振る舞いには気をつけているだけに、この心遣いは不意打ちでした。ならば私も、年齢性別相応に、オヤジさんに要らぬ心配をかけぬよう、酒は二杯半で止めとこう。我が物顔で、早い者勝ちの希少部位を頼むのは止めよう。コブクロ（子宮）やツル（チンコ）は、適度に通ってから頼もう。それが酒場のマナー。

しかしながら、タンナマ、レバナマ、アブラタレよく焼き……。帰りの京成線に揺られながら、食べたかった串《くし》が走馬灯《そうまとう》のように駆け巡ります。堪《こら》え切れずに本所吾妻《あづま》橋で途中下車して、『やぶそば』で日本酒、天種、わさび芋、ごませいろ。見栄《みえ》なんか張らずに食べたいものを食べ、飲みたいだけ飲めばよかったか？　素直に飲み食いできるようになった時、本当の意味で「宇ち入り」を果たしたと言えるのかもしれま

せん。

（二〇〇七年四月）

後日談：あそこはね、味と値段考えると通いたいんだけど、なかなか一人では通えない。痛風を考えると女でよかったと思うけど、『宇ち多』のことを考えると男に生まれたかった。それと、『やぶそば』は少し浅草寄りに移転しました。

宇《う》ち多《だ》

最寄り駅　京成立石
東京都葛飾区立石一－一八－八
立石仲見世商店街内
一四時～二〇時（土一二時～）
日祝定休

部位18 平日ホルモン 箱根越え

わけあって、友人二人と熱海《あたみ》にドライブに行くことになりました。少しでも遠出するとなると、その土地のホルモン、まだ見ぬホルモンとの出会いを期待してしまう、それがホルモンヌの性《さが》。カーナビを設定すると、いつしか車は新緑の箱根山。カーブと起伏に富んだ熱函《ねっかん》道路を経由して、三島市内に突入します。

ドライバーはオグリくん。医者に「痛風一歩手前」と宣告されたにもかかわらず、寄り道ホルモンしてくれる、愛すべき愚か者。さらに助手席では、部位13に登場した焼肉好きのアイさんが、カーナビを操作したり、オグリくんに飲み物を渡したり。カーナビが、

「目的地付近です。案内を終了します」

せめて店の第一発見者になろうと窓を開けると、

「あっ、あれじゃない？」

オグリくんの声に、「ホルモン」の四文字が夕闇《ゆうやみ》に白く浮かび上がりました。結局、自分では眉毛《まゆげ》一本動かすこともなく、目的地に到着。友達っていいね。

熱海近辺に知己はなく、事前に私が頼りにしたのは専《もっぱ》らネット情報。何店か検索に引っかかった中から狙いを定めたのがここ、『川村焼肉ホルモン』です。企業ではなく個人のサイトで紹介されていたこと、そのサイトに載っている他の店が、私の好きな店といくつかかぶっていたことが決め手。何より、店の外観写真に、ピンとくるものがあった。プレハブ風のほったて小屋に、シンプルというより無頓着《むとんちゃく》な電飾看板。しかしながら「元祖かわむらホルモン」という紺地白抜きの暖簾《のれん》に、どことなく風格が漂っている……。

直感だけを頼りに、いざ店に足を踏み入れると、想像の範囲を微妙にはみ出す光景が広がっていました。畳敷きの小上がりに座した我々の目を奪ったのは、白人女性の特大ヌードポスター。昔の『洋酒天国』の付録カレンダーか？　褪色《たいしょく》具合をまじまじと観察し、

「大阪万博の頃だね、三、四十年前くらい？」

と分析するアイさん。決して多くはないサイン色紙や写真は、若かりし頃の梅宮辰《たつ》夫《お》、長嶋《ながしま》茂雄、野末陳平。うーん、ミーハーだけどシブい……。

壁のお品書きから、とりあえず「ホルモンMIX」を頼みます。オグリくんは運転があるのでサイダー、アイさんは療養中のためウーロン茶、私だけビールで乾杯。浅漬けキムチのような、お通しのキャベツをしゃきしゃき、お椀《わん》のタレを箸《はし》でナメナメしていると、

「あの人、すごい顔がツヤツヤしてる」

常連客と思《おぼ》しきオジサンを指して、アイさんが囁《ささや》きます。うん、この店はイケル、たぶん。

アルミ製の座卓は、特注なのかお手製なのか、中央に鍋《なべ》敷き大の穴が空いています。店のオヤジさんが、その穴に七輪をセットしました。続いて持ってきたのが、なぜかジンギスカン鍋。牛のホルモン、ミノ、センマイ、ハツ、レバ、タン、コブクロ、カルビ、全八種類が一緒くたにてんこもり。頂上にはざく切りのネギがたっぷり載っていて、

「あれ、もう焼いてある……」

既に食べごろ。炭は保温用だったのか！　意表を突かれながらも、僅《わず》かに残ってい

た不安は一掃されました。もうもうとした湯気と熱気と、脂とタレが焼ける匂《にお》い。食べたことのないホルモンが、すぐそこにある！　一番手前の肉片に箸を伸ばし、モグモグ、

「……すいません、白いご飯下さい、三つ！」

そこから先はまさに獣飯《けものめし》。コブクロを選んだり、ハツを選んだり、選ぶともなく何かを口に運んだり。ジンギスカン風の、ニンニクが効いたタレを付ければご飯が進み、付けなくてもご飯が進む。この時ばかりは、舌と胃袋だけが我々の司令塔です。

というのも「ホルモンMIX」三人前、とても三人前とは思えない量なのです。八種類の部位がそれぞれ十切れ前後盛られている。三人がそれぞれ本能のままに食べ続けても、肉の取り合いはまず起こりえない。互いを気遣うこともなく、ただ手近で目に入った肉片を銘々、好きなように食べ散らかすだけ。

量故《ゆえ》に取り合いにはならなかったものの、一番人気はホルモン。コブクロのこりこりした食感、焼き物では珍しいセンマイも捨てがたいけど、これは、スゴイですよ。ピンポン玉くらいの大きさ、そして白さの脂が、プルプル震えているのです。どんな育ち方をした牛なのか、想像もつかない。正直、たじろぎました。

「なんか、ものすごい罪悪感」

痛風一歩手前のオグリくんは、言葉とは裏腹の微笑《ほほえ》み。口の中に広がる脂、なおも消えることのない噛み応《ごた》え。中程まで咀嚼《そしゃく》して白米を放り込めば、悦《よろこ》びがこみ上げてきて、

「くっくっくっ、ゴメン」

口元を手で覆《おお》うアイさん。謝ることはない、私も笑いが止まらないのよ。実はドライブ本来の目的はアイさんの通院だったのですが、経過が良好だとわかったためか、ホルモン効果か、常連のオジサンに劣らぬほど頬をぴかぴか光らせています。不意に、

「ゴゴゴゴゴ……」

アイさんの背中の壁が、轟音《ごうおん》と共に振動しました。店のすぐ後ろを伊豆《いず》箱根鉄道が通っているのです。単線で本数も少ないらしく、今まで気がつかなかったけど、裏口の網戸を覗《のぞ》き込み、

「これは、近すぎるね」

とオグリくん。ほんと、びっくりするくらい近かったです。

五月の夜風に、カースピーカーからトッド・ラングレン。犬のように目を細めなが

ら、夜道、そしてひとり後部座席なのをいいことに、パンツのホックを外します。これだけたらふく食べて、三人で七千五百円。

『川村焼肉ホルモン』は、多くのホルモン焼き屋の例に漏れず、土日祝日はお休みです。アイさんは休職中、オグリくんはフリーター、私はフリー（ライ）ター。言ってみれば、社会的には辺境に身を置いているわけだけど。平日の、こんな道楽が許されるなら。

（二〇〇七年五月）

後日談：行きの車では、アイさんが作ってきてくれたタラモサラダのバーガーがおいしかった。帰りは、真っ暗なパーキングエリアでみんなで天然水を飲みました。蛇口から直接水飲むのって、中学生以来だった。

川村
焼肉ホルモン

最寄り駅　三島二日町
静岡県三島市南二日町一九－四
現在休業中

部位
19

Feel nothing

私をホルモン開眼に導いたのち、事情により福岡に帰郷したタケさん。知人の冠婚葬祭のため、一時的に上京しているとの連絡がありました。例によって、

「どっか、うまい店ないかね、食べたことないやつ」

「そうだなあ、禅みたいな煮込み屋があるよ」

禅? 何だそりゃ。よくわかんないけど行ってみるか。早速、駒沢《こまざわ》公園の前で待ち合わせました。最後に会ってから二か月も経《た》ってないのに、

「久しぶり」

つい口を突いて出てしまったのは、タケさんが異様に日焼けしていたから。近づくと、顔の皮膚がまだらに剝《む》けています。日焼けというより火傷《やけど》に近い。どこで何してたんだろ……。

『かっぽ』とだけ書かれた素っ気ない看板、一見すると何屋なのかさっぱりわからない。しかし店に入ると五秒も経たずに、「禅」という意味が飲み込めてきました。

というのもお品書きは煮込み、白飯、漬け物、お茶漬けのみ。これは、ストイックだなー。全《すべ》ての品目を確認し終える頃には、皿一杯の煮込みが、すぐ目の前で湯気を立てていました。選ぶ余地なし！　いや、

「俺、お茶漬け下さい」

「私、ご飯、並。あと漬け物も」

客が選べるのは、これだけ。一応「煮込み並五百五十円、小四百五十円」と書いてあるものの、「小」と発声する隙《すき》もない。もちろんアルコール類も一切なし。ポットから冷たい水を自分のコップに注いで、いざ、いただきます。……ん？　何だこの味わいは。

見た目は味噌色《みそいろ》なのに、味噌ほどこってりしていない。あっさりしているでもなく、ほどよいというか何というか。具は肉と豆腐とコンニャク、とりたてて個性を主張しているわけではないけれど、説明しようとすると、言葉に詰まってしまう。敢《あ》えて言うなら、「あとをひく」。とにかく箸を進めようとしたものの、ここで一つ問題

が。

盛られる内容と量に比して、皿が平べったすぎるのです。箸を沈める度に、ズブズブと汁が卓上に溢《あふ》れること止めどなし。店内は至って清潔、改装されて間もないのでしょう、カウンターもぴかぴかなので、思わずきれいに拭《ふ》き取りたくなります。しかし、一度拭き取ったところでまた溢れることは目に見えている。

戸惑ったものの、郷に入っては郷に従え。敢えて平皿を使っているということは、むしろこぼしながら食べればよいのか？　隣のタケさんと、他のお客さんの様子をさりげなく確認。卓上の七味を一振りして、汁が溢れるままに煮込み、ご飯、煮込み、ご飯。胡瓜《きゅうり》の漬け物を箸休めに、無心に食べ進めます。

店員は作務衣《さむえ》のお兄さん一人きり。煮込みとご飯をよそう他は、カウンターの中に腰掛け、何をするでもなく空一点を凝視、時々思いついたかのように煮込みを混ぜるだけ。

「代替わりしたみたいだね。前来た時は、おじさんがやってたんだけど」

地声が大きいタケさんが、声をひそめています。なぜか会話が憚《はばか》られるこの雰囲気。お茶漬けの味見を勧めてくれるものの、それもどうだろう。ここでは、なるべく他人同士でいたほうがいいんじゃないの。

食べ続けて気が付いたのですが、ご飯だけではなく、水も進みます。けっこう塩気が強いのか？　ポットから自分でお代わりしながら、子どもの頃は、食事の時にやたら水をがぶがぶ飲んでいたことを思い出しました。それが酒に変わってから、いろんなことが変わったような気がする。

煮込みとご飯が半量になったところで、すかさずぶっかけご飯を実践。できることなら、もっと早くこうやって食べたかった。でも、溢れるだろうしなあ。適度な我慢、それもまた「禅」なのか。

店内もちろん禁煙なので、食べ終えたらさくっとお会計。実はこの時、二人合わせて二千円くらいしか現金を持っていなかったのですが、余裕で足りました。ほっ。夕焼けもきれいだし、お釣りでビールを買って、駒沢公園で一服。

うーん、味、値段、雰囲気、煮込み一つで店が成り立つのも納得です。何も考えずにただ一人でご飯を食べたい時ってあるもんね。さすがタケさん、ホルモン伝道師。

と、ホメたいのは山々ですが、

「ねえ、あれホルモンじゃなかったよね、普通の牛肉だったよね？」

「そういやそうかも。ダメ？」

「いや、ダメじゃないけどさ、取材になんないじゃん。おいしかったから、まあいいけどさあ」

とはいえ、やっぱり酒は飲みたい。聞くと、今日は五反田の友人の家に泊まるというので、五反田に移動して、飲むことにしました。お金も下ろしたし、どうせ飲むなら、ホルモン。中途半端《はんぱ》な取材根性でふらり、目に入った「もつやき百円」の店へ入ったのが、間違いだったのかもしれません。

「福岡もいいけど、なんか、何もないんだよなあ」

一旦《いったん》帰郷したとはいえ、やはり東京を離れがたいのでしょうか。用事が済んだ今も、タケさんは小さな荷物で都内の友人宅を転々としているとのこと。

「ラクな仕事っていう発想は、ヤメた方がいいんじゃないかな」

都内でバイト先を探していると聞いて、つい口を滑らせてしまいました。金がなかろうと無職だろうと、うまい店を教えてくれるなら何でもいいし、自分がしてあげられることも何もないんだけど。

百円のもつやき？　店名は伏せますが不味《まず》かったです。臭いし、パサパサしてるし。でもこれが普通なんだろうなあ。私はうまいホルモンしか食べたくない。

自分で頼んでおきながらほとんど箸を付けず、タケさんがトイレに立った隙に、一応串《くし》から身を外して一所にまとめます。姑息《こそく》だけど、こうするとあまり残したように見えないんです。戻ってきたタケさんは、無理しなくていいのに、次々に身を片付けていました。

（二〇〇七年五月）

後日談：白状すると、布団《ふとん》に寝ゲロしたお詫《わ》びに、私が寝袋をあげたんですよ。弁償するよって言ったんだけど、遠慮されて。で、このときタケさんが持ち歩いていたのが、その寝袋。なんか二重三重に罪悪感にかられたなあ。

かっぱ

最寄り駅　駒沢大学
東京都世田谷区駒沢五－二四－八
電話なし
一七時～二四時三〇分
木曜、第三水曜定休

部位20

（埼玉＋新潟）÷銭湯＝？

ホルモンばっかり食べてて飽きませんか？　そろそろそんな声が聞こえてきたり、こなかったり。正直、おいしくないホルモンを食べるのには飽きました。まだ見ぬホルモンを求めて漁色の日々が続いているものの、そうそう当たりには巡り合えません。

取材なんかどうでもいいから、今日こそは確実にうまいホルモンを食べたい！　ある種の飢餓感に突き動かされ、向かった先は東十条。部位4で登場したとおり、この地には『埼玉屋』という感動が約束されているのですね。

加えて、『埼玉屋』から二十メートルも離れていない地点に『新潟屋』という、やはりやきとんの強豪店があるのです。ホルモン好きの間では、比較して語られることが多く、二店ハシゴする客も少なくないのだとか。じつは前回訪れた際、私も当初はハシゴを目論《もくろ》んでいたのですが、つい『埼玉屋』で胃袋の限界まで食べ続けてしまいました。今日こそハシゴするぞ！

二店とも開店時刻は午後四時。ガランとした京浜東北線のホームに降り立ち、どちらを先にするべきか、迷いながら改札を抜けます。いや、家を出たときから考え続けていました。取材を意識するなら、空腹のうちにまだ紹介していない店を訪れるべきなんですよ。しかし、二店を分かつ交差点で、意に背いて私の足は『埼玉屋』を選んでしまった。

だって、せっかく四時に着いたんだもん。もしかしたら上シロにありつけるかもしれない。前回は到着時間が遅くて品切れだった、あの幻の一本。普通のシロでも十分、よそで食べたことないほどうまいんですよ。だからこそ、上シロ、食べたいじゃん。

開店直後だからか、運が良かったのか、今回は待つことなくカウンターに着席。

「まずはレバ。ベリーレアで行こうか」

ご主人の言葉どおり、半生というよりほぼ生のレバを、まずは一口。レバは焼くより生のほうがうまいと理解しておりますが、もっと言うならベリーレア。粗塩の利《き》いった表面から中央へ、火の通り具合のグラデーションを確かめ、ああ、これが食べたかった。

以前書いたとおり、この店では客が自由に注文することはできません。常連客は「アレ焼いて」とリクエストしていますが、基本的にはご主人が客の顔を見て判断。焼き台の脇《わき》に積まれた肉の山から上シロと思《おぼ》しき一群を見分け、「こっち来い」と念波を送ります。

しかし、続いて供されたのはネギマ、アブラ。もちろんどれもがうまいのです。一種類二本ずつ出される店に一人で入ると、多いと思うのが通常だけれども、『埼玉屋』は例外。一本終わっても、まだ一本あるという悦《よろこ》び。それはもちろん悦びなんだけど、

「はい次、上シロ」

おお、やっと来たか。粗塩をまぶしただけの、文字どおり真っ白な肉片。会いたかったよ。

シロは比較的好きな部位ですが、店によって差が激しくて、まずい店では本当に臭い。そして、おいしいシロだとしたら、白肉特有の脂《あぶら》を楽しむ部位だと思っていたけれど。咀嚼《そしやく》するごとに、舌に馴染《なじ》んでいく、塩と脂。こんなに上品なシロがあったの

か！

「次、何にする？」

突如選択権を与えられ、とっさに普通のシロ、つまりタレのシロも食べたくなるのが『埼玉屋』のすごいところ。一瞬、ものすごく葛藤《かっとう》した末、

「チレください」

たっぷり載せられたニンニクバターを丁寧に伸ばしながら、ああ、これも食べたかった。一本百四十円に値上がりしていたのが気になりはしたものの、お会計は三千円弱。あれ、ほんとに値上がりしたの？

しかしまあ、食べ過ぎた。この時点で既に腹九分目。こんな場合に備えて、家を出る前にインターバルを用意しておきました。『新潟屋』に向かう途中の交差点を右折、ネットで調べた銭湯『柳湯』へ。じつはけっこう、銭湯好きなんですよ。

フロントで買った「手ぶらセット」の石鹸《せっけん》とシャンプーで、体中わしゃわしゃ。知らない町の、知らないおばちゃんの裸に紛れて、ジェットバスで気休めのカロリー消費。

それでもまだ七時前だったのですが、『新潟屋』は既に満席でした。五分ほど待た

されて、焼き台のほぼ真ん中に着席。湯上がりに、ちょっと薄めのハイボール。食べ続け、飲み続ける悦びが、染《し》み渡ります。

まずは煮込みともろきゅう。以前『埼玉屋』を語る際、「肉がうまい店は野菜もうまい」と書きましたが、『新潟屋』もしかり。瑞々《みずみず》しい胡瓜が、夏を予感させます。嬉《うれ》しいことにもろみ味噌とたたき梅、両方添えられています。梅きゅうも好きなのよ！

個性がない、などと書くとケナしてると思われるかもしれないけど、違います。この店のモツ煮込みではなく、モツ煮込みという料理自体をホメたくなるような、堅実な煮込み。ピンクと白、艶《なまめ》かしくボイルされたコブクロを、刺し身ではなく和《あ》え物で供するのも秀逸。やっぱニンニク醬油《じょうゆ》でしょ。

焼き物のコブクロとナンコツも、『埼玉屋』の後に食べてもうまいなんて、通常あり得ないことなんです。レバ刺し、ハツ、カシラ、しいたけ、食べたいものはまだあるけれども、ここらで胃袋の限界……。

比較して語られることが多いと書きましたが、たしかに『埼玉屋』と『新潟屋』、オヤジがじつに好対照なのですね。前者は「知らない世界に連れてってやるよ」が決め台詞《ぜりふ》、後者は客の注文どおりに黙々と串を焼く。芸術家肌と職人肌とでも言おうか。

次回は、『新潟屋』の煮込みや刺し身で下地を作ってから、『埼玉屋』の焼き物で締めるか。それとも『埼玉屋』でやきとんコースを堪能《たんのう》した後、コースに含まれなかった品を肴《さかな》に『新潟屋』でしっぽりするか。帰りの電車で、早くも思案にくれます。あ、あと銭湯寄るなら、眉毛《まゆげ》ペンくらいは持って来ないとなー。（二〇〇七年五月）

後日談：その後も東十条には何度か行きました。でもやっぱり私は、『埼玉屋』に入っちゃうんだよなあ。近所にあったら、普段は『新潟屋』、ちょっと贅沢《ぜいたく》したい時に『埼玉屋』と使い分けると思うんだけど。

新潟屋

最寄り駅　東十条

お店の都合により掲載いたしません。

部位21

銀座のナイスガイ〜恋は焦《あせ》らず〜

「サトウさんの好きそうなお店を見つけました！」

「銀座ですよ、こてこてホルモンですよ！」

担当編集者のKとヤナパカが、いつになく口を揃《そろ》えてのお誘い。取材を重ねるうちに、私の好みは把握したとでも言わんばかりです。銀座で、こてこてホルモン。うーん、たしかに私の好みっぽい。

待ち合わせは午後十時、その時間でなければ予約がとれなかったとのこと。私が有名店に点が辛いということも二人は承知済みのはず。それほどオススメだということでしょう。でもなあ、こんなにハードル上げちゃって、大丈夫か？　手加減しないよ？

招いた側と招かれた側、おそらく双方が微妙な緊張感を抱きつつ、向かった先は

『正泰苑《しょうたいえん》』銀座店。飲食店ばかりが入ったビルのエレベーターに乗り込むと、Kが最上階のボタンを押しました。夜の銀座を見下ろしながら、まずはビールで乾杯。

六〜七人用の円卓を三人で囲み、

「ハラミとこてこてホルモンは予約しておきました。それ以外は、レバ刺し、ロース刺し、ギアラ塩、こてこてミノ、どうでしょう」

注文はKに任せるつもりだったのですが、私、好きな本のジャンルは飲食店のメニューです。差し出されると熟読せずにはいられない。

「今のところ全部塩なんだよね？　間に一つ、タレを挟もう。レバでいいかな。あと大根サラダと、味付きネギ青と白、韓国海苔《のり》」

結局、サイドメニューまで吟味。塩とタレで書き分けされていて、大変読みやすいメニューでした。

刺し身のタレは三種類から選べるのですが、肉の実力を見るならやっぱり塩ごま油。赤というよりは桃色、きれいに血抜きされたレバを一口、

「うん、ごま油で正解だ」

「サトウさんの好きな、サクサク系のレバですよね」

Kが念を押します。ここまで気を遣ってくれるなんて……私、何かしたっけ？ 我が身を振り返ったのも束《つか》の間《ま》、酒とうまい肉が目の前にあるときは、その他一切ののごとがどうでもいい。ロース刺しも瞬殺してしまうと、ヤナパカがレバムンチ（ユッケ状のレバ）とユッケ、刺し身系二品を追加。うん、今夜はいくらでも食べられそうな気がするよ。

ハラミとギアラはどちらも塩なので同じ皿で出て来ましたが、私は一点集中で食べたい派。まずはハラミだけを網一面に広げます。ハラミを形容する際、「ジューシー」という言葉がよく用いられ、そして私も使ったことがあるけれども、改めて、それが正しかったことを実感しました。ジューシー！

ギアラもかなりうまいです。正直、これまで部位としてそれほど注目してこなかったのですが、今後はもう少しギアラを攻めてみよう。

ニラが添えられたタレのレバで一旦《いったん》舌先を変え、マッコリで口の中をリセット。満を持して本星、こてこてホルモンと、こてこてミノが登場。ここまでは非の打ち所なし、かなりの高得点です。だからこそ、ホルモンとミノもベストの状態で焼き上げたい。ヤナパカからトングを奪い取り、私の心は網奉行。

見た目麗《うるわ》しく、脂が豊富、そして塩。私が愛してやまない『池上線ガード下物語』

のホルモンと、酷似したホルモンを丁寧に広げます。まずは何も付けずに食べ、二切れ目は青ネギと一緒に。見た瞬間から、うまいということはわかっていたのです。味も『ガード下』にかなり近いものがありますが、『正泰苑』のほうが若干、塩味が優しくて上品。

こてこてミノは正直、『ガード下』には劣ります。しかしながら、臭みはなく歯触り良好で、あの店と比べさえしなければ及第点。じつは『正泰苑』はもともと、ロースやカルビ等正肉が売りのお店なのですね。メニューの中でも正肉が六割強を占める店で、ここまで頑張ってくれるとは。

名刺を確かめると、本店は荒川区町屋。下町の焼肉屋が評判を呼び、まずは地元駅前、続いて芝大門、ついに銀座に進出。これぞ焼き肉ドリーム。

気になるお値段は……スイマセン、酔っぱらいすぎて忘れてしまいました。ざっと見た感じ、ホルモン系は千円以下、上カルビや上ロースも千五百円以下。サービス料五パーセントが乗せられるとしても、肉のレベルやサイドメニュー、接客と比して、かなり良心的です。平日は午前四時まで営業しているのも頼もしい。

有名店でありながら、コストパフォーマンスはマル。炭火でありながら、排気がしっかりしているので女性にもオススメ。夜の銀座を見下ろすロケーションが、二人のデートを盛り上げてくれること間違いなし、とつい書きたくなるような店でした。

この後も、タレこてこてミノ、上カルビ、ゲタカルビ、石焼ビビンパ、冷麺《れいめん》を完食。三人とも二十代独身女性です、念のため。獣飯《けものめし》の残骸《ざんがい》を前に、

「サトウさん、どうでした?」

鬼の首をとったかのように、勝ち誇るヤナパカ。

「いやあ、おいしかったよ。これだけ食べてハズレがないのはエライ」

焼酎《しょうちゅう》お湯割りの梅干しを、マドラーで潰《つぶ》しながら答えた言葉に、もちろん嘘《うそ》はないのですが。

恋には落ちなかった。原稿上、そこははっきり言っておかなければなりません。おいしい店だな、いい店だなとは思うのですが、それとはまた別に、好きな店というジャンルがあるのですね。私にとっては『池上線ガード下物語』や『埼玉屋』、『㐂美《きみ》松《まつ》』『宇《う》ち多《だ》』『川村焼肉ホルモン』がそれに該当します。共通しているのは、初めて訪れたときの衝撃。食べたことのない代物《しろもの》を、体の中に入れるというスリル。

S字クランクのように先が折れ曲がった、非常に便利なマドラーを弄《もてあそ》びながら、

「いい店なんだけどな……」、心の中で呟《つぶや》きました。

(二〇〇七年六月)

後日談：焼き肉の人気店って二時間制のところ多いけど、あれ、何とかならないんですかね。長居されると商売にならないのはわかるけど、もうちょっと、言い方があるというか。『宇ち多』で三杯で追い出されるのは、むしろ小気味良いんだけど。『正泰苑』も相変わらず人気のようで、飯時は二時間制だし、まず入れない。狙《ねら》い目はやっぱり夜中。

正泰苑《しょうたいえん》銀座店

最寄り駅　東銀座

お店の都合により掲載いたしません。

部位22

あえての懐石ホルモン

赤坂の路地、小料理屋風の二階座敷に到着すると、既に編集長のフルカワさんと担当のヤナパカが、ビールグラスを傾けていました。以前お伝えしたとおり、ドクターストップにより、フルカワさんは年に四度しかホルモンを食べることができません。あれ、厚木に高座豚《こうざぶた》を食べに行ってから、もう三か月経《た》ったっけ？

「経った！　いいんだよ、今日は」

待ちに待ったホルモンデーのためにフルカワさんが選んだのが『さんだ』。黒毛和牛の内臓を、コース料理で提供してくれるらしい。

畳のお座敷に黒塗りのテーブル、和服の女将《おかみ》、メニューは六千五百円のコースのみ。うーん、普段この取材で行く店とはかなり趣が異なる。ヤナパカ、粗相しないようにに気をつけようね。

まずは小鉢が三つ。手前からアキレス腱《けん》のポン酢和え、ハツモトの中華風、ハチノスのゴマ和え。あんま行ったことないからよくわかんないけど、これって懐石料理ってやつ？

見た目に違《たが》わず、味も上品。細切りにされたアキレス腱は、あさつきと紅葉おろしでピリリ。ハチノスのくにゅくにゅした食感と、ゴマの風味が食欲をそそります。せっせと箸《はし》を動かす我々の横で、

「和牛と国産牛の違いをご存知ですか？　国内で生まれて国内で育てられたのが和牛、外国で生まれて国内で育てられたのが国産牛。生まれと育ち、お味は随分違います」

講釈師のような、淀《よど》みない口調。いや、本物聞いたことないけどさ、要するに、何度も繰り返してきたんだろうなと思わせつつ、今初めて話すかのようなノリ。うーん、さすがホルモン懐石、女将も一癖ありそうだ。

説明を受けて、フワ（肺）のスライスを辛子醤油で。ボイルしたコブクロを岩塩のような粗塩で。牛タンとナンコツの団子スープで、ほっと一息。鍋《なべ》やスープの団子としては、鰯《いわし》つみれと鶏《とり》つくねが代表格ですが、この手があったか。ダシと歯応《はごた》え、両

方のいいとこどりじゃないか！

ここまで来ると、日本酒が欲しい。キリッとした辛口の冷酒で、岩塩を舐《な》めたい。

でもさっき、フルカワさんが一番高い赤ワインを頼んでたしなあ……。

「二〇〇二年だ、当たり年！　普通、この値段では飲めないんだよ」

ラベルを確かめ、当のフルカワさんは大はしゃぎ。女将は、お目が高いと言わんばかりに、

「相応のお値段にしてしまうと、飲む方がいないのです。本当にお好きな方に飲んでいただきたいのです」

どれどれ、そんなにうまいの？　正直、ワインにはさっぱり疎《うと》い（好きだけどね、名前覚えにくいんだもん）のですが、実際うまかったです。なんつーか、これなら血液になりそう。フルカワさんは興奮したように、

「わかる？　いいワインって、咽《のど》の通りが違うのよ。雑味がないって言うのかな」

畑、品種、造り手などについて、語る語る。コイツラには豚に真珠とでも言いたげですが、

「サトウさん、これマリアージュですよ！」

ヤナパカが小さな目をいっぱいに見開き、箸先でハラミの刺し身を突《つっ》いています。

なになに？ ワサビ醤油でハラミを一口、ワインを一口、ハラミを一口、

「これがマリアージュか！」

ネギトロ（水っぽくないやつ）のようなさっぱりしたハラミと相性バツグン。冷酒と岩塩のコラボを諦《あきら》めた甲斐《かい》があった。

こうなると自然、気になるのがボトルの残量。誰もが我先にと思っているはずなのに、なぜかチビチビ。遠慮？ それとも牽制《けんせい》？ 何やらビミョ〜な空気。だいたい、三人で一本で足りるわけがないんですよ。一番高い赤を先に飲んでしまうと、次がない。最初は白か、ランク下の赤から攻めるのが定石ですよね？

「うん、そうなんだけど。つい頼んじゃった」

失策を認めつつ、空に近い我々のグラスを無視しつづけるフルカワさん。この人、本気だ！ ならば、

「じゃあ、私たちは白を飲もう。でもこのマリアージュは大事にしたい。もう一杯だけいいですか」

まさかダメとは言わせない。私も酒には卑《いや》しいですよ。割を食ったヤナパカは、すかさず、

「あ、それ『神の雫《しずく》』じゃないですか！」

編集長が自分のところで出してる単行本を持っていても、何ら不思議はないと思うのですが、なぜか狼狽《うろた》えるフルカワさん。どうやら、覚えたばかりのワインを前にして、舞い上がってしまったみたい。

この後もハツ辛子酢みそ和《あ》え、レバ刺し、牛スジ煮込み、頬肉のシチューと、めくるめくようなお品々の連続。嬉《うれ》しかったのは焼き物。ミノ、ヤン、膵臓《すいぞう》、タン、頬肉をジンギスカン風の鍋で焼いて食べるのですね。懐石風とは言え、懐石にこだわってない感じが好ましい。それぞれ二切れずつ、どれも脂《あぶら》はサッパリしているので、これまでの流れも遮りません。特に膵臓は絶品！　柔らかいのに歯応えが楽しい。

さらに牛タンと水菜のしゃぶしゃぶ、シビレとギアラでコクをプラスした和風ダシで。締めの中華麺をずるずる、黒ゴマアイスまで完食して、コース計十五品が終了。

いやー、食った食った。

当初こそ、なぜわざわざホルモンで懐石？　と訝《いぶか》しく思っていたのですが、これなら納得。よくやるなあ。

スナックで水割りを飲みながら、

「近くに、俺が一番うまいと思っている韓国料理屋がある。まだ食べるなら、この後二人で行って来なさい」

え？　高級ワインで懐石を楽しんだ後に、なぜわざわざ韓国料理を？　やはり許しく思ったものの、一番うまい、という言葉は聞き捨てならねえ。

「どうする？　ヤナパカ、まだ飲みたい？」

「サトウさんこそ、まだ食べたいんですか」

（二〇〇七年六月）

後日談：フルカワさん、実際はよく飲ませてくれる、気の好《い》いオジサンです。スナックのママから「あらナーさん、お久しぶり」みたいなノリで歓待されていて、往時を思わせた。往時なんて言っちゃいけないか。

さんだ

閉店しました

部位23

赤坂韓流鍋24時

先週に引き続き赤坂です。『さんだ』でホルモン懐石を堪能《たんのう》した後、編集長は徒歩圏内にあるという韓国料理屋の名を告げて、去って行きました。慣れない街に取り残されて、ヤナパカと二人、

「焼き肉とか韓国料理の看板がやたら多いですね」

目指す『兄夫食堂《ヒョンブ》』も、なんとビルの一階から四階までを占拠していました。子どもの頃、バブル時代の赤坂って、もっと違うイメージだったけど。『赤坂小町』というバンドがあったことさえ、今や幻のよう。

まず目に入ったのが、韓流スターのサイン色紙や写真の数々。酔いどれ眼をチカチカさせていると、

「それ、コピーじゃないですか？　こっちにも同じのがありますよ」

お、本当だ。しかも「Hyungboo with the STAR」って、ポスター仕様にしてある。商売熱心だなー。韓流スターに限らず、日本人芸能人も多く訪れているらしく、その筋ではかなりの有名店っぽい。

ちなみにヒョンブは、血縁のあるなしにかかわらず「兄貴」といった意味合いの韓国語。二十四時間営業とあって、たしかに頼れる「兄貴」的な雰囲気。メニューも焼き肉から石焼ビビンパまで、百種類以上。目移りしがちですが、

「とにかく鍋、編集長が言ってたのってどれ？」

一応スナックのカラオケで腹ごなししたとはいえ、空腹とはほど遠い。鍋ものとしては一番写真が大きかったコプチャン鍋三千百五十円をターゲットに、マッコリと韓国海苔《のり》でシンプルに脇《わき》を固めます。

「これ、もしかして食べ放題じゃないですか？」

テーブルに備えられていた、どんぶり大の瓶を開けて、目を輝かせるヤナパカ。中身は自家製キムチ、これは嬉しい。早速小皿に盛って、海苔をパリパリ、キムチしゃきしゃき、マッコリぐびぐび。そろそろ鍋も煮えたかな？

具材はコプチャンと白菜、ニラ、ネギ、えのき茸《だけ》、葛《くず》きり、豆腐等々。お玉で汁を

回しかけると、真っ赤な表面の下から、白濁したスープのいい匂《にお》いが漂ってきました。コプチャンを一口、

「これ、口の中でジュワジュワしますよ」

「脂好きには堪《たま》らんね」

コプチャンと言えば牛の小腸。もっと細かく言うなら、洗う時に裏返した腸を、ブツ切りにしたものです。見た目は腸詰め、本来外側に付いていた脂が、内側にみっちり詰まっているのです。脂好き、かつ汁もの好きのヤナパカは、汗と湯気で顔をテカらせながら、お椀《わん》ごとがぶ飲み。

「あー、辛い。辛いけどうまい」

うん、たしかにうまいね。スープにコプチャンの脂が溶け出して、脂って甘いんだなーってつくづく実感するし、喉元《のどもと》通り過ぎた後の辛さも気持ち良い。チゲ鍋としての完成度は高いと思うけど。

順調に食べ進めるに従い、ある事実が浮き彫りになりました。コプチャン、多過ぎだよ！

私、A型です。カレーライスのルーとご飯は、どちらも同時に食べ終わる派。いかに鍋ものとはいえ、自分の好きな具だけをよそうのではなく、肉も野菜も豆腐も、バ

ランスよく取り分けて食べていたはず。なのに、このコプチャンの余り方は尋常じゃない。

「なんか、すごい余ってますねー、アハハ」

アハハじゃねえよ、と内心突っ込みつつ、ふと思い出しました。そう言えば私、鍋ものってあんま好きじゃないんだよな……。

好きじゃないと言うと語弊があるかもしれません。つまりは懐疑的なんですよ、鍋という料理に対して。

考えてもみてください。白菜なら白菜、キャベツならキャベツ、火にかけて数分後、必ず丁度良い頃合い、ベストのタイミングが訪れるはず。それを食べるべきだと思うのです。鍋ものって、ずっと煮っぱなしなんだもん。適当にかき混ぜられちゃうし、煮崩れても別にいいやって感じでしょ。その怠慢さがいただけない。だからコプチャンだけが異常に余るなんて、由々《ゆゆ》しき事態が起きてしまう。

こんこんと鍋料理への不信感を語ったところ、

「えー、鍋おいしいじゃないですか。簡単だし、栄養摂《と》れるし」

それはまあ、わかる。家庭料理の鍋は別だよ。冷蔵庫の中の余った食材を前向きに食べる手段としては、極めて有効だと思うよ。しかし外食、もてなし料理としてはどうなの？　この、鍋底《なべぞこ》で転がっているコプチャンを、でろでろになった葛きりを、どう評価すればいいわけ？

「残せばいいんですよ」

そりゃそうなんだけどさ。

正直、一軒目の『さんだ』はホルモン懐石という新ジャンルなだけに、改良の余地も残されているとは思います。記憶に残る料理もあったものの、その他は少しばらつきがあるし、若干ポン酢に頼り過ぎているように感じました。だけど、食べるべき量を、食べるべきタイミングで供することには、かなり気を配っていた。鍋ものにはない、デリカシーがあった。

「鍋はみんなでワイワイ囲むものなんですよ。サトウさん、焼き肉も一人で食べるのが一番おいしいって言ってましたもんね」

ヤナパカの言葉が心に突き刺さります。鍋ものを受け入れられないのは、私の心が狭いから？　このままでは一生、チゲ鍋を、鍋料理を屈託なく楽しめないままなのか？

店を出ると、既に薄明るいみすじ通り。もう夏至だもんな。蒸し暑くて、饐《す》えた生

ゴミの臭《にお》いがして、全然爽《さわ》やかじゃない朝日が目に染《し》みました。（二〇〇七年六月）

後日談：この回に対しては「ほんとに心狭いね」と言う人と、「私もじつは鍋ってあんまり」と言う人と、周囲でも二通りに反応が分かれました。鍋って簡単そうに見えて、じつは難しい料理なんじゃないでしょうか。

兄夫《ヒョンブ》食堂
赤坂本店

最寄り駅　赤坂
東京都港区赤坂二－一三－一七
〇三－五五七五－三八八四
二四時間営業　無休

部位24

タヌキ奢《おご》り

高校生のころ、友人と旅先で茶屋に入ったときのこと。頼んでもいない団子が出てきて、

「あちらのお客様からです」

振り返ると、中年男性が手を振りながらニッコリ。知らない人から何かを奢られるのは初めてだったので、戸惑いつつも、素直に頂戴《ちょうだい》しました。

しかし、年を経るごとに、素直じゃなくなってきている自分がいる。たいていは酒場で一杯奢られるパターンなのですが、あれってなんなんでしょうね。

ご厚意は有り難く頂戴するけれども、飲み食いするにも自分のペースがあるんです。正直、知らない人に奢られて嬉しいかと聞かれれば、別に。礼儀でニコニコしてはいるけど、延々話に付き合わされると、ホステスじゃねーぞ、と内心では毒づいて

しまったり。

　平日午後八時、横浜駅西口地下街の前で、勤め帰りのトモコと待ち合わせました。黒のノースリーブにベージュのワイドパンツ、マノロ系の美しいパンプス。私の友人では珍しく、コンサバが似合う女。そして、

「ごめんなさい、お待たせしましたか？」

　常に敬語を使う、礼儀正しい淑女です。なんで私と友達なのかって？　互いに酒飲みだからですよ。

　向かった先は狸小路《たぬきこうじ》。モアーズというローカルデパートと、東急ホテルの谷間に埋もれるようにして佇《たたず》む、昭和の小さな飲み屋街。新宿のションベン横町の照明を数ワット落とした雰囲気をご想像ください。アーケードを潜《くぐ》ると、道行くオジサンたちの顔は既に赤黒く、背広を着た狸に見えないこともない。

　目指すは『味珍《まいちん》』。中華街で豚足ラーメンを食べた帰り、立ち寄ったバーのマスターが「豚足ならここに行くといいよ」と教えてくれました。すぐに看板を見つけ、ガラリ戸を開けると、一階のカウンターはオジサンたちで満席。ハシゴのように急な階段を登って、二階へ通されました。

とりあえず瓶ビールで杯を交しながら、壁のお品書きを吟味。豚の頭、耳、舌、胃、足、尾、それぞれ七百円。あとは白菜の漬け物やピータンなどのサイドメニューが数点。店名から中華料理屋を想像してきたのですが、単に豚料理屋といったほうがいいみたい。

「頭と足、それと白菜もください」

オヤジさんに注文すると、手渡されたのは小皿二枚。ん？ 取り皿にしては小さいな。他のお客さんを観察してみると、どうやらみんな、カウンターの上の調味料を調合して、タレを作っているらしい。見よう見まねで芥子《からし》を小皿に盛って、酢と醤油《しょうゆ》でねりねり。

カウンターの中では、オヤジさんが冷蔵ケースから肉の塊を取り出して、スライスしています。どの部位も、醤油ベースで煮込んで冷やしたものを切って出すだけ、というシンプルなスタイル。

頭は、見た目も味もチャーシューに近い。豚足はもう、プルプル。今まで脂肪のないゼラチンには特に興味がなかったのですが、ゼラチンっておいしいもんだなあ。豚足を食わず嫌いしている友人の顔が思い浮かびます。一度ここに連れてこなければ。芥子ダレも試したものの、ちょっと醤油が多かったか。酢を多めに溶くように、ト

モコに耳打ちすると、

「サトウさんと同じように作ってしまいました」

時既に遅し。しかし、タレを付けなくとも十分楽しめます。調理法は同じだろうに、不思議なことに口飽きしないのですね。薄味だから、それぞれの部位の持ち味が生きている。

白菜は深漬けなのに、さっぱりシャキシャキ。私、漬け物はどちらかと言うと浅漬けが好きなのですが、これは進むなあ。発酵の酸味と甘みが、豚料理と好対照かつ好相性。

基本的には、豚一品とサイドメニュー一品を肴《さかな》に、一～二杯飲んで、さくっと帰る店なのでしょう。しかし我々は、焼酎《しょうちゅう》に切り替えて本腰モードに突入。

「耳と、クラゲサラダも行っとこうか」

「ピータンも頼んでよいですか？」

もちろんよ。コンサバでありながら、オヤジ酒場にも気持ちよく付き合ってくれる。こんな彼女が欲しいなあ……。性的にはヘテロなのに、ついそんな妄想に耽《ふけ》っていると、隣の客が、

「よかったら、これ食べない？」

来たか。ここは私に任せてくれ。警戒心を隠して笑顔で受け取ります。しかし、豚の尻尾《しっぽ》、これがこの日のベストだった！

骨と外側のゼラチンに挟まれた、肉の部分が何とも言えない。尻尾の筋肉なのでしょう、口の中でコンビーフのようにほぐれて、周囲のゼラチンに溶けていく。もっと尻尾を動かしてくれ。生きている豚を見かけたら、思わずそう頼んでしまいそうだ。

さらに嬉《うれ》しかったのが、そのオジサンが、私たちには無関心な態度を通してくれたこと。皿をよこしたきり本を開く姿は、話しかけなくてもいいよ、というシールドを張るかのよう。別に酒の相手が欲しいわけではなくて、せっかく来たのならこれを食べて欲しいという、店に対する愛情が伝わってきました。

奢られといて、身勝手な物言いかもしれませんが。トモコの行きつけのバーに寄ってスコッチを舐《な》めていると、出張中らしい中年男性が、

「こちらのお二人に、何か好きなものを」

また来たよ。どうする？

「サトウさんさえよろしければ、お言葉に甘えましょうか」

まあ、断ると角が立つもんね。尻尾のオジサンと違って、今度はスコッチやジャズ

のウンチクを延々披露されて、うんざり。帰り途《みち》、私が毒づいていると、
「仕方ないですねー。知らない街で気が大きくなってしまったんでしょう」
さすが、寛大なお答え。じつはこの手の女性が一番怖いと思うのですが……。

（二〇〇七年七月）

後日談：これが掲載された後、トモコと合コンしたいという依頼が数件。もちろん全部シャットアウトしました。そうやすやすと紹介できるような女じゃないんだって。

味《まい》珍《ちん》

最寄り駅　横浜（西口）
神奈川県横浜市西区南幸一―一二―一二
〇四五―三一二一―四〇二七
一六時三〇分～二三時三〇分
日祝定休

部位25

愛、ときどきシット。

所用で奈良に出かけたついでに、福岡を訪れることにしました。新幹線の中から、「六時半に着く。着いたら電話する」
我がホルモン伝道師、タケさんにメールを打ちます。古い言い方をすれば都落ち、住み慣れた東京を離れて地元に身を寄せている彼に、ご当地ホルモンを案内してもらおうという寸法。

正直なところ、しばらくそっとしておいたほうがいいんだろうとは思う。だけど、いつまで福岡にいるかわかんないし、タケさんがいるうちに福岡取材を済ませておきたいし。我ながら勝手なもんだよなあ。

行けば行ったで歓迎してくれることはわかっているけれど、本当にこれでよかったのか？　夕焼けの呉《くれ》の工業地帯を車窓に眺めながら、なんだか妙に心細い。

天神駅近くのホテルに荷物を下ろし、フロントで警固《けご》公園への道を尋ねます。知らない街の繁華街を一人で歩いて、公園でたむろする若者の脇《わき》に佇み、

「おっす。店、すぐそこだから」

よく知っている人と会う不思議。向かった先は『天神ホルモン』今泉店。市内にいくつも支店を持ち、都内にも姉妹店を展開する実力派。タケさんの話によると、ここでしか食べられないものがあるのだとか。しかし、

「取材だからね、注文はサトウさんに任せるよ」

カウンターに着くなり、なぜか主導権を放棄。オススメメニューで固めてくれると思ってたのに。もしかして、あんまやる気ない？

「じゃあまあ、焼き物行く前に、ちょっとつまみたい。酢モツと煮込み、レバ刺しかな」

せっかくなので馬レバを頼もうとしたところ、あいにく品切れ。牛レバもおいしいけど、こういうレバ刺しなら普段よく食べてるしな。酢モツはボイルして冷やした牛ホルモンを、酢と小ネギと紅葉おろしで和《あ》えた、博多の郷土料理。こちらも都内で食べた酢モツと大差ない。煮込みはダシの風味が利《き》いていて、汁ものとしても楽しめた

けど……。

こんなもんじゃないだろう？　かつては私をホルモン道に導いた男です。タケさんに教えてもらった店はどこもうまかったし、ナルホド、と唸《うな》らせるものがあった。利き過ぎたクーラーに上着を羽織りながら、

「焼き物は何がいいかね？」

さりげなく主導権をパス。

「コリコリとコジュズ。後は馬ヒモかな。全部塩で」

「え、コジュズも塩でいいんですか？」

まさか、という表情で店員に聞き返され、自信たっぷりに頷《うなず》くタケさん。どうやらこのコジュズが、スペシャルメニューらしい。

コリコリは牛の心臓の血管。七輪で焼いて、まずはそのまま一口。二口目は、小皿に用意されていた塩ダレを何気なく付けてみたのですが、この塩ダレはいい！　塩をだし汁で溶いたものなのでしょう。しかし何のダシ？　昆布と鰹節《かつおぶし》だけでこんな甘みが出るのか？

そこらじゅうにあるもの全部タレに付けたい衝動を抑え、箸先《はしさき》でナメナメ。訪れた焼き肉屋の数だけタレも試してきたけれど、タレ部門では間違いなく一、二を争う。

コリコリの、名前どおりの食感とタレを楽しみながら芋焼酎をロックで傾けていると、本命コジュズが到着。お品書きの説明によると「馬の直腸」、要するに、

「馬のシットで味付けされてるから」

そう、直腸と言えば肛門《こうもん》一歩手前。よく洗ってあるのでしょう、見た目はきれいな白、焼いても悪臭が漂うことはありません。しかし、一度口に入れると、

「ほんとだ！」

ふわっと鼻に抜ける、シットの香り。これは確かに、初めてだ……。正直、最初は抵抗がありました。舌に触れないようにモソモソ嚙《か》んで、早めに飲み込んでしまう。しかし、その条件反射に敢《あ》えて抗《あらが》って、よくよく味わってみると、

「……イケルね」

タケさんは「味付け」という言葉遣いをしたけれども、実際のところ、それらしい味はしません。弾力のある歯応《はごた》えと淡白な味わい、要するにシットの風味を楽しむ逸品なのですね。それが証拠に、嚙み過ぎて鼻から香りが抜けなくなると、ちょっと淋《さび》しい。

塩ダレとの相性も良好で、草原を駆け抜ける馬とすれ違ったかのような爽快感《そうかいかん》。そもそもアレって、嫌な臭《にお》いなのか？　先入観だったんじゃない？

続く馬ヒモは、馬のアバラ肉。味も見た目もハラミと似ています。コジュズほどのインパクトはないものの、しっかりした歯応えと肉繊維の旨味《うまみ》に、馬への敬意がさらに深まる。ホルモン五種わさび和えも追加して、二人で一万円強。満足したところで、

「あのさ、ホルモン好きになったのって、東京来てから？」

気になっていたことを、ついに口にしてみると、

「うん。高校のときってそんなに酒飲まないし」

やっぱり……。私も、横浜の高校に通ってたけど狸小路という飲み屋街があることさえ知らなかったもんなあ。

「どうかな。コジュズは珍しいと思うんだけど」

ありがとう、色々考えてくれてたんだね。

宿に帰ると、この連載のゲラが届いていました。

「見る？」

何の気なしに差し出してしまったことが自分でも意外です。タケさんは一読して、

「いやあ、おもしろい。毎回よくやるよなあ」

思い返せば、同世代の男の人には、仕事の話ばっかりだと詰《なじ》られたり、ああしろこうするなと指図されたり。自分から原稿を読ませるなんて、考えられなかった。原稿の直しに手間取っていると、邪魔しないようにという気遣いなのか、背後に聞こえるタケさんの寝息。やっぱり自分勝手だよなあと反省しつつ、シャンパンのミニボトルを一人で開けました。

（二〇〇七年七月）

後日談：コジュズについて、美化は全くしていません。思うに、においっておそらく強弱の問題で、臭いと感じたり、良い匂《にお》いだと感じたりするのではないでしょうか。

天神ホルモン
今泉店

最寄り駅　西鉄福岡（天神）
福岡県福岡市中央区今泉一ー一八ー三八
〇九二ー七五二ー五一六九
一七時〜二六時　大晦日〜元日休

部位26

鍋《なべ》にまつわるエトセトラ

　先週に引き続き福岡です。旅先でも飲んで食べるだけ、いわゆる観光にはあまり興味がないのですが、能古島《のこのしま》はいいですね。人口は約八百人、作家・檀一雄《だんかずお》の終《つい》の住処《すみか》と、植物公園くらいしか観光要素はないけれど、

「最初来たとき驚いた。福岡、スゲーって」

　案内人タケさんの言葉どおり、対岸の福岡市街が、ものすごい大都会、未来都市に見えるんです。船で約十分の海の向こうに、タワーやヤフードーム、観覧車、高層ビルがずらり。サイダーの瓶を片手に堤防に腰掛けると、ファンタジーという言葉が頭を掠《かす》めます。

「あっち行ったら、絶対すごいもんがあるって思うよね。実際行くと、大したことないんだけどさ」

昨日の焼き肉に続いて、今日はモツ鍋屋に案内してもらう予定。ただ、ついこないだまで東京に暮らしていたタケさんは、故郷福岡のホルモン事情には、じつはそれほど詳しくないらしい。

しかも、私にとって鍋は鬼門。あのいい加減な調理方法、煮ればいいんでしょって感じが、どうしても好きになれません。つい、

「別にモツ鍋じゃなくてもいいよ。おいしければ」

「いや、鍋にしよう。高校生のころ行ったきりだから、あんま自信ないけど」

大人しく付いていった先は、唐人町の『蒼生弥《たみや》』。ガラリ戸を開けると、四人掛けのテーブルが三つに、畳の小上がり。タケさんは開口一番、

「セット二人前。セットにビールも入ってるから」

あ、そう。つまみは要らないの？

「だって、それ系はほとんどないよ」

なるほど。メニューには、モツ鍋セット千七百五十円のほか、酢モツ、餃子《ギョウザ》、からあげのみ。しかも酢モツは、お通しのようにビールと一緒に出てきました。至れり尽くせりというか、商売っ気がないというか。

店の雰囲気、酢モツの完成度から、ある程度の期待はしていたのです。しかし、コンロに火をつけて数秒後、期待が確信に変わりました。この鍋はイケル、多分。

こんもり盛られたキャベツとニラ、かき混ぜるのは厳禁。ここまでは都内で食べたモツ鍋と同じです。問題は火をつけた後。じゅくじゅくという音は聞こえるのに、鍋肌はキャベツで隠されて、一向に煮汁が見えない、要するに極端に煮汁が少ない。

思えば、私の好きな鍋は、どれも煮汁が少なかった。少量のだし汁で、炒《いた》め煮のように火を通しただけのチゲ鍋。割り下と卵とブランデーに、肉を絡《から》めて焼いただけのすきやき。その話をすると誰もが、それは鍋じゃない、と否定します。だけど……。

しんなりしてきたキャベツを一口、

「やっぱ、これでしょ」

思わず独白。醬油《しょうゆ》ベースの煮汁の旨味もさることながら、キャベツがちゃんと青臭い、シャキシャキ、パリパリしている！　タケさんも、

「嬉《うれ》しいね。高校生ってまだ味覚が発達してないじゃん。どうかなと思ったけど、今食べてもうまい」

肝心のホルモンは脂身《あぶらみ》がほとんどないさっぱり派。ホルモンは脂身の多さを競うものと思い込んでいたけれど、そんなことはなかった。きちきちした腸の皮に、ぎゅっ

と凝縮された旨味。これもやはり、煮汁の少なさの勝利でしょう。

少ない少ないと書いていると、汁もの好きを不安がらせるかもしれませんが、それはあくまでも初期段階の話。口にする汁の分だけ、キャベツから水分が出るので問題ありません。それに、

「これじゃあ、足りねえよ」

〆《しめ》に移行する際は、店のオヤジさんがきちんと汁を注ぎ足してくれます。だけど胃袋の容量として、ちゃんぽんとおじや、炭水化物がダブルで入るのかどうか。片方選ぶとしたらおじやだよね、と相談していたところ、

「ダメダメ。米は旨味を全部吸っちゃうからね。最初ちゃんぽん、次おじや、この順番じゃないと」

そうなの？　でも、うーん、そんなに食べられるかなあ。

食べ始めると、まったくの杞憂《きゆう》だったことがわかりました。小麦粉の風味の強い、素朴な太麺《ふとめん》。侮《あなど》ってたけど、ちゃんぽん、うまいじゃん。それに私、もともと炭水化物好きなんですよ。ダブルだろうとトリプルだろうと、いくらでも持ってこい。

溶き卵を落として小ネギを散らす、オーソドックスなおじや。これが、なんとも言えず甘い。そう言えば、昨日の焼き肉屋の塩ダレといい、今日昼に食べた『ビクトリ

ア』の釜飯《かまめし》といい、どれもじわじわ甘かったよなあ。ダシの甘みなのか？

「そうそう、福岡はダシが優しいでしょ。あそこの釜飯、俺にとってはばあちゃんの味なんだよね。小さいころ、よく連れて来てもらったから」

安くてたっぷり、うまくて優しい。それがタケさんの味覚のルーツなのかもしれない。今にして思うと、『池上線ガード下物語』のすいとんや『鳥田むら』の雑炊、東京でタケさんに教わった味も、そこはかとなく甘かった。

「本屋も充実してるし、飲み屋も多いし。あと人、さっきのオヤジとか、いちいち感じがいい」

鍋を褒めちぎった勢いで、福岡を絶賛すると、

「でしょ。女の子はかわいいし、物価は安いし」

タケさんは少し照れ臭そう。川崎生まれの私には、東京に対する憧《あこが》れも幻滅もなく、

「結局は、ないものねだりなんだよね」

その言葉を実感することはできないけれども。昼間、能古島から見た景色が、かつてタケさんが見たかもしれない東京のイメージとダブります。

この人はこのまま福岡にいたほうがいいのかもしれない。そう思う一方で、東京にいてくれればいいのに、とも思う。いずれにせよ、余計なお世話か身勝手の域を出ないのだけど。別れ際《ぎわ》、

「原稿、楽しみにしてるよ」

邪気なくさし出された手を、ただ握り返しました。

（二〇〇七年七月）

後日談：『蒼生弥』は、オヤジさんが体を壊して、休業したり再開したりしているらしい。また食べたいなあ。

『ビクトリア』は天神にある老舗《しにせ》の釜飯屋で、色々あるけど、タケさんのイチオシは「しゃけ釜めし」。あれもまた食べたい。ついでに、文中に出てくるすきやきは通称「極道すきやき」。どのへんが極道かは、宇野千代の『私の作ったお惣菜《そうざい》』（集英社文庫）を参照されたし。友人宅で試したんだけど、あれはほんと、極道だった。

それと地理的に、奈良に出かけたついでに福岡には行かな

いだろうと、編集と校閲から突っ込まれました。それはそうなんだけど。どうなんでしょう、東京から直で来られるのって、なんか恐《こわ》くない？ それに西日本の新幹線って乗ったことなかったし。

蒼生弥《たみや》

最寄り駅 唐人町
現在休業中

部位27

友達までのディスタンス〜二十代も後半なら〜

昼間、一人で街をブラブラする際に、欠かせないのが昼酒スポット。神保町ならあのビアホール、銀座ならあのバー、六本木ならあの喫茶店。場所や用途に合わせて使い分けているのですが、新宿で意外と重宝なのが、末廣《すえひろ》亭前の立ち飲み屋『日本再生酒場』です。

意外と、と言うのは、昭和を再現した風のいかにもな外観と、ちょっとこっぱずかしい店名を、しばらく敬遠していたから。しかし、昼酒の誘惑に負けていざ足を踏み入れて、驚きました。肉のレベルが高い！

調べてみると、主に京王線沿線で一大勢力を誇る、もつ焼き処《どころ》『い志井《しい》』の系列店なのですね。これは是非、調布の本店を訪れてみなければ。

梅雨空の土曜日、京王線沿線在住のＯＬヤマさんと、午後五時に調布駅で待ち合わせました。比較的広い、居酒屋風の店内。まだ空《す》いてはいるものの、若い女性だけのグループが、畳敷きの小上がりで既に大盛り上がり。よし、我々も飲むぞ。

もともとは肉嫌いだったヤマさんを、私がホルモン道に引き入れたことは、以前お伝えしました。

「煮込みと白センマイ刺し、あとはコブクロ和《あ》え？」

ホルモンに関しては、注文は私に一任していたはずのヤマさんも、今ではメニューを貪《むさぼ》り読み、

「ガツの生姜《しょうが》じょうゆってのも、気になるんだけど」

おう、いいね。それも頼もう。

煮込みは白味噌《しろみそ》風味、豚ホルモンがふわふわと柔らかいのが特徴。ヤマさんは既に慣れた手つきで七味をパラパラ、汁をずるずる。

「味噌よりダシが利《き》いてるね」

うんうん。煮込みは定番メニューなだけに、店の特徴が表れやすい。それを分析する楽しみを、彼女もわかってきた様子。

続く白センマイは、ある意味この店の名物。センマイと言えば牛の第三胃、びらび

らと灰色っぽいのが一般的ですが、ここの白センマイは灰色の表面が湯剝《ゆむ》きされているため、和えられた白ネギと見分けがつかないほど真っ白。当初は驚いていたヤマさんも、

「私これ好き、塩味とダシも入ってるかな」

白センマイの皿を小脇《こわき》にキープして、延々シャキシャキ。私の分、なくなりそう……。まあ、新宿店でも食べてるから別にいっか。白センマイはヤマさんに任せ、ガツの生姜じょうゆに箸《はし》を伸ばして、思わず舌なめずり。これは日本酒と合いそうだ。

当初、ビールの次はマッコリに切り替えると宣言していたヤマさんですが、

「どうしよう、私もやっぱ日本酒にする」

そうか、そうか。ホルモン食いにも慣れたとて、この素直さがヤマさんらしい。

焼き物は、オーソドックスに盛り合わせ六本を注文。手羽先、カシラ、シビレ、つくね等々、どれも及第点ですが、刺身や煮込みと比べると若干パンチがない。新宿店もそうなのですが、食事の前半戦に強い店と言うか。後はまあ、好みの串《くし》を単品でちょろちょろ頼んどく？　ヤマさん、何を選ぶかと思ったら、

「あの、脂が一杯ついてる奴《やつ》、どこの部位だっけ？」

脂の良さがわからない、かつてそう豪語していた人の言葉とは思えません。タレの

焦《こ》げ目も香ばしく、脂がみっちりつまったマルチョウに目を輝かせて、

「ん〜、これこれ！」

ホルモン食いにつきあわせてきた甲斐《かい》があったなあ。私が好きなナンコツについては、「前に食べた店よりは食べやすいけど。コリコリ系は、ちょっとまだ……」とNG。このくらいの好き嫌いなら全然オッケーよ。茄子《なす》や椎茸《しいたけ》などの野菜焼きをつまみながら、

「お茶漬けも気になるけど、麺も食べたいしなあ」

「でもやっぱ米でしょ。さっき、隣の人が食べてた奴、なんだろ？　おにぎり？」

熟慮の結果、おにぎりを荏胡麻《えごま》の葉と韓国海苔《のり》で包むという、この店のオリジナルメニューに決定。しかし、期待しすぎたからか、

「これ、アイデアはいいんだけど」

「ちょっと勿体《もったい》ないよね。もう一工夫欲しい」

「焼きおにぎりにすればいいんじゃない？」

「いいね！　荏胡麻の葉だったら味噌が合いそう」

日本酒片手におにぎり談義で盛り上がる、二十代後半女子二人組。色気もへったくれもないけど、女友達って、これくらいの話題がちょうどいいんです。

実はわけあって、ここしばらく、ヤマさんとは距離を空けていました。学生時代はハッピーアワーの百円ビールを、二人してひたすら呷《あお》っていればよかったけれど、今は仕事も生活も人間関係も違う。わかっていたつもりでも、つい要らないことに口を挟んでしまったのですね。私が距離を取ったことに気がついていたのか、いなかったのか、

「違いを意識しないと続かないんだよね。昔と同じようにってわけには、やっぱりいかない」

結婚して疎遠《そえん》になったという、別の友人の話をするヤマさん。ほんと、そうだよなあ。

一万円弱の会計を済ませて外に出ると、二人とも酸欠気味。けっこう煙かった。ヤマさんの最寄り駅に移動して飲み直すことになりました。案内してもらったバーは、失礼を承知で言ってしまえば、それほど魅力的ではありません。彼女も同感らしく、

「住んで三年経《た》つのに、店、全然開拓できてないんだよね。ダメだな、私」

うまい店を教えてくれる友達も有り難いけど、どんな店にも付きあってくれる友達も、同じくらい貴重なんです。別に彼女が引け目を感じる必要はないし、酒場よりは

得意料理の一つでも覚えた方がいいだろうに、

「でも、一軒、魚がおいしい店、見つけたからさ」

ちょっと得意げなヤマさん。うんうん、また今度、お腹《なか》がすいてる時に案内してよ。

（二〇〇七年七月）

後日談：この時、本店を訪れたつもりだったのですが、支店だったらしい……。すみません、方向音痴なんです。それに雨も降ってたし。ほんと、すみません。

やきとり処
い志《しい》井　東口店

…………………

最寄り駅　調布
東京都調布市布田一－四五－五
〇四二－四八七－一四一〇
一七時～二三時　無休

部位28

どんぶりで流されて変わってゆく私

一人飯デビューをどこで済ませたか。それによって、その女性の来し方と行く末がある程度推し量れると思うのですが、いかがでしょうか。ファミレスだったという女性なら次は洋食屋のランチに興味を持つでしょうし、立ち食い蕎麦《そば》だったという女性なら街の蕎麦屋の昼酒も難なくクリアできるはず。

私は『吉野家《よしのや》』でした。学生時代、付き合っていた男の子とよく行っていたのですが、そういう食べ物って、別れた後にふと食べたくなるものですね。思い切って一人でカウンターに腰かけ、

「並と卵」

緊張を隠して注文したときのことを、未《いま》だに覚えています。食べ終えて店を出ると、「意外とカンタンじゃん！」。味をしめたことにより、その後、定食屋、とんかつ

屋、蕎麦屋、鰻《うなぎ》屋、焼肉屋と、オヤジ化がエスカレートしていくことになったのです。

珍しく午前中に家を出たのは、この日の取材先が築地《つきじ》だから。といっても到着したのは午前十一時半。閉店前にはなんとか間に合うだろ。

しかし急ぎ足も空《むな》しく、目指す『きつねや』のホルモン丼《どん》は品切れ。十二時半から再開するとのこと。一本裏手の喫茶店で時間を潰《つぶ》して戻ってくると、今度は行列により、待つこと十五分。なんだかなー。

別に丼《どんぶり》が嫌いなわけじゃない。一人飯デビューが『吉野家』だっただけでなく、店屋物はピザより天丼のほうが嬉《うれ》しい質《たち》です。片手で持ってかっこめるという身軽さには、一種の機能美さえ感じる。

ただ、どんなにおいしくても、「しょせん丼」感がつきまとってしまうというか。朝っぱら（私にとっては）から行列に並んで、そんなにまでして一杯の丼を求めて、一体何になるっていうの？

市場入り口が面しているもんぜき通りには、ラーメン屋やうどん屋、ほぼ立ち食いの飲食店がみっしり。『きつねや』だけでなく、人気店の前には行列がずらり。場外だからか、訪れた時間帯のせいか、市場関係者より、観光客や付近にお勤めのサラリーマンと思《おぼ》しき姿が目立ちます。

私とて行列をなしているうちの一人。何より、取材なんだから。ローなテンションを振り払うように、

「ホルモン丼とビール！」

観光客慣れしているのか、愛想の良いおばちゃんに勢い良く注文。やっとのことでありついたホルモン丼七百五十円は、大鍋《おおなべ》で煮込んだ焦茶色のモツ煮込みを丼飯の上にぶっかけ、白ネギをたっぷり盛った代物《しろもの》。見た目は予想通りでしたが、お、重い……。

丼のサイズからある程度予測していたとはいえ、それ以上にズッシリ。しかも熱い！　片手で持つことを諦《あきら》め、路面に出ているテーブルに置いたまま、立ち食い、犬食いを敢行。

煮込みは味噌ベース、いろんな部位が入っていて、甘過ぎずしょっぱ過ぎず。ホルモンの脂《あぶら》がよく溶け出して、棒状の大きなこんにゃくが入っているのが特徴か。卓上の七味を多めにふりかけ、熱々の米で舌を火傷《やけど》しながら、とにかく一心不乱にがっつきます。

「やっぱ築地だね！ 食ってみなよ」

嬌声《きょうせい》に振り返ると、若い男女、五、六人くらいのグループ。話の内容から、どうやら市場が移転する前にいわゆる「築地グルメ」を探訪しに来た様子。一つのホルモン丼と肉豆腐を一口ずつ分け合い、

「もう吉野家なんて食えねえよなあ」

ほんとかよ？ 思わず突っ込みたくなりました。ピチピチに詰まった飯粒に、たっぷり染《し》み込んだ汁。早朝から市場で働いた後なら、このくらいのカロリーを体が欲するのかもしれない。しかしこのときは、ただの知ったかぶりにしか聞こえなかった。というのも、私は三分の一くらいで飽きてしまいました。夜来れば、もっとおいしく食べられるかもしれないけど、十三時半で閉店だし。丼じゃなくてモツ煮込み単品と日本酒にすればよかったなー。

後悔しつつ、だてに胃袋鍛えちゃいない。場外とはいえ市場と呼ばれる場所で行列に並んだ、その落とし前を付けるかのように、米粒一つ残さず完食。うーん、く、苦しい……。

原稿を書いている最中、ふと思い立って、久しぶりに『吉野家』に行ってきまし

た。ここ数年、輸入禁止、再開騒動を避けるように、足が遠のいていた。

今更だけど、あれはやっぱり丼としての完成度が高いですね。カツ丼にしろ天丼にしろ、おかずとして食べる場合と、丼で食べる場合、何が違うかと言えば、タレ。タレにより、ご飯と具の一体感が生まれるのです。タレと肉の相性という理由で、『吉野家』がアメリカ産牛肉にこだわっているのも頷《うなず》ける。

『きつねや』のモツ煮込みと『吉野家』の牛皿、単品で比較すれば『きつねや』に軍配が上がると思います。しかし汁に溶け出した脂分のためか、米のつめ過ぎか、この、ふわっとした一体感はなかった。『吉野家』は並ばなくていいし、並と卵で四百三十円だし。どんぶりって、こういう食べ物だったよなあ。

「特盛り、つゆなしで」

「並、つゆダクダクで」

どんだけダクダクなの？　と、付近の客の食べ方を気にしつつ、丼中央に溝を開けて、溶き卵を流し込み、七味をパラパラ。最初はすきやき風に肉を卵に付けながら食べ、次第に卵がご飯に染みてくる。学生の頃付き合ってた男の子が教えてくれた食べ方。結局いつも、こうやって食べてしまう。

取材だからといって、一杯の丼に行列し、無理して完食した自分を滑稽《こっけい》に思いながら、頭の中ではユーミンの『卒業写真』。若干センチメンタルな気分を味わいつつ、食べ終わると一つだけ、昔とは違う事実に気がつきました。あれ、こんなに少なかったっけ？　オヤジ化進行中、胃袋拡大中です。（二〇〇七年八月）

後日談：市場とか問屋街とか、玄人《くろうと》が集まる場所でうまいと言われている食べ物が、素人《しろうと》にとっても本当においしいのかどうか、甚だ疑問です。『吉野家』をホメたことで後からごちゃごちゃ言われたけど、食通ぶっても始まらないし。

きつねや

最寄り駅　築地市場
東京都中央区築地四－九－一二
〇三－三五四五－三九〇一
七時～一三時三〇分
日祝定休

部位29

限りなく透明に遠いジュエル

熱した鉄鍋に砂糖を散らす。牛肉を鍋に広げ、砂糖と割り下をまぶし、裏返す。程よく火が通ったら溶き卵につけて、食べる。これ、京都『三嶋亭《みしま》』のすきやきの食べ方。鍋奉行として私がせっせと箸《はし》を動かす横で、

「あれは、ニュータイプだと思う」

「なに、今までのホルモンと何が違うの？」

今夜食べるホルモンについて、タケさんに教えを乞《こ》うヤマさん。チーム悶々《もんもん》、京都にやって来ました。

「つまりね、見た目はあまりうまそうじゃない」

「『池上線ガード下物語』とか『𠮟美松《きみまつ》』は、見た目からしてジュエルだったもんね」

「そう。この霜降り肉も、見るからにうまそうじゃん。そういうのと比べると、アレ？って思う」

タケさんが私に教え、私がヤマさんに教えた、我々三人はホルモン師弟関係で結ばれているのです。無職のタケさんと、有給を取ったＯＬのヤマさん。平日の昼間に老舗《しにせ》のすきやきを囲みながら、晩飯のホルモン焼きに思いを馳《は》せる。これぞ正しきホルモン旅行。

腹ごなしに鴨《かも》川を散歩して、六時少し前に到着したのは『アジェ』。大きな白い提《ちょう》灯《ちん》の脇《わき》には、我々と同じ目的を持った人々が既に、七、八人。客層もスタッフも、若者が中心。鴨川の支流の静かな川端にあって、ここだけが奇妙な熱気に包まれています。

開店と同時に手際《てぎわ》よく客席に案内され、まずはお品書きを囲んで作戦会議。赤字で「絶対」と書かれているのが、ホソ六百円とチゲ鍋七百円。これ、必須《ひっす》？

「ホソはマスト。チゲ鍋はこないだ食べたけど、俺は別に頼まなくてもいいかな」

数日前から京都に潜伏し、既にこの店も予習済みのタケさん。主導権を委《ゆだ》ねると、

「ホソ三人前。それだけでいい」

勝負師だね！　でも信じるよ。ホソ三人前を主軸に、私はユッケ刺し、ヤマさんはキムチ盛り合わせをリクエスト。これで脇は固まった。

どんぶり茶碗《ぢゃわん》になみなみと注がれたマッコリを片手に、お通しのキャベツサラダをシャキシャキ。かなりスパイシーなドレッシングに、マッコリが進みます。肉に先んじて運ばれてきたのは、茶碗に入ったタレ。透き通った出汁《だし》に白ネギが少々。箸先でナメナメしながら、ところで、ホソって何？

「いわゆるホルモンだね。京都ではそう呼ぶらしい」

タケさんの説明を受け、今まであちこちで食べてきたホルモン（牛の腸）の味とビジュアルが想起されます。今宵《こよい》はどんなホルモンと巡り合えるのか。

「これは……」

登場した肉を見て、ヤマさんが絶句。無理もない、ピンポン玉より一回り小さい白い固まりが、ズラ〜っと整列しているのです。私自身、白肉が好きだと自負してきたけれど、ここまで白い肉は見たことがない。普通はどんなに白くても多少半透明なのに、このホソは透明度ゼロ。絵の具のような純白で、光沢がない！　輝いてない！

啞然《あぜん》としている我々を尻目《しりめ》に、

「ね、見た目はジュエルじゃないでしょ」

タケさんはさっさっと肉をガス式ロースターの上に並べていきます。期待より不安がやや勝ったかのような、ヤマさんの表情。かつては肉嫌いの魚好き、脂身を毛嫌いしていた頃の彼女に戻ってしまったのか？

しかし、ロースターで表面が焼けてくるにつれ、マットだった肉の質感が変化してきました。脂が溶けてきたのでしょう、またたくまに輝きだしたのです！　二列に並べた八個の肉片を前に、

「これはね、転がすように焼くのね」

巧みにトングを操り、立ち上がる火柱と格闘するタケさん。ホルモンは内側をよく焼き、外側の脂身は軽く炙《あぶ》る程度に、というのが今までの定石でした。しかしこのホソは、内も外もなく全身脂身。いや、もちろんちゃんと腸の皮はあるのだけど、信じられないくらい薄い。よく焼いて、まずはそのままパクリ、

「……なるほど、ジュエルだ」

表面にまぶされていた塩が、脂によって溶かされ、焦《こ》がされ、揚げ物のような香ばしさ。私、揚げ物も好きだからなあ、これはたまらん。炭火ではなくガスなことも、当初は我々の不安要素だったけど、この肉はガスの炎で一気に焼き上げるのが正解です。

「そっち、少し火が弱いみたい。もっと近づけよう」

不安気だったヤマさんも、今やタケさんのトングが焦《じ》れったいかのように、自らの割り箸で肉片を転がしています。タケさんのアドバイスに従い、二巡目までは何も付けずに食べ、三巡目でタレを試すと、舌先を変えるのに丁度いい。つまり、少し口飽きしてきた頃に、タレの甘みで舌を休ませるという寸法。

ホソ三人前という量も、今考えると必勝法だった。他に頼んだ品もおいしかったけど、それはまあ常識の範囲内。それよりも、このホソを繰り返し食べ続けることによって、未知なる世界にずんずん突き進んで行く興奮を味わうべし。それに、四巡目で肉を食べ終わるとき、取り合いも譲り合いも起こらなかった。最初から三等分だったもんね！

〆《しめ》に辛ソーメンを頼んで三人で九千円。ちなみに昼の『三嶋亭』は一万二千円でした。晩飯より昼飯にお金をかけると、なんとなく贅沢《ぜいたく》した気分になるよね。

「昼は砂糖で、夜は塩ってのが丁度よかった」

それぞれの味を反芻《はんすう》しつつ、

「明日もかなりの強豪らしいからね、楽しみだ」

早くも明日のホルモンに思いを馳せるタケさん。そう、明日は大阪に突撃します。しかしヤマさんとはここでお別れ。さすがに二日連続で会社を休むわけにはいかないし、休ませるわけにもいかない。『アジェ』でお土産に包んでもらったキムチを、高々と振り上げ、

「じゃあね、有給とった甲斐《かい》があったよ！」

新幹線の改札口に去っていったヤマさん。その笑顔は肉よりも輝いていました。

（二〇〇七年八月）

後日談：福岡にいるはずのタケさんが、なぜ京都に潜伏していたのか。元はと言えば、メシおごるよって私が誘ったんだけど、人が好《よ》くて旅好きのタケさんは、下調べを兼ねて早めに到着してくれてたんです。ありがとう。それとこのときは、我々の好きな落語家が初めて大阪で独演会をやるというので、前日に繁昌亭《はんじょう》で落語を聴いて、大阪→京都→大阪というコースを辿《たど》ったんでした。我ながら

ら、よく遊んでるなあ。

アジエ松原本店

最寄り駅　阪急《はんきゅう》河原町
京都府京都市下京区西木屋町通松原
上ル東側美松会館一F
〇七五－三五二－五七五七
一八時〜二四時（土日祝一七時〜）
不定休（木曜多い）

部位30

君が思い出になる前に〜27の夜〜

ホルモン伝道師のタケさんと二人、大阪に来ています。晩飯は決まっているけど、昼飯は未定。タケさんの奨《すす》めに従って、ジャンジャン横丁でどて焼きと串《くし》カツを食べることにしました。通天閣に立ち寄り、

「『だるま』がうまいらしいけど、いつも混んでるから。俺は大体『てんぐ』に行くのね。ほい」

住んでたわけでもないのに、慣れた様子で通天閣のパンフレットを手渡すタケさん。旅行好きとあって、大阪も何度か訪れているらしい。私は、実は旅行が苦手です。積極的に旅を求める心がよくわからない。

「西日本はけっこうあちこち行ったなあ。住みたい場所を探してるっていうか」

場所じゃなくて、何をやるかの問題なんじゃないかな。そう思ったけど、言えませ

んでした。無職になって半年以上、多分本人も、わかっているだろうから。

夕方までに新大阪方面に戻り、向った先は『あらた』。カウンター十席ほどの店内は、開店と同時に満席。なんとか一巡目で潜り込み、既にびりびり感じるスペシャルなオーラ。

慣れない土地に来たせいか？　いや、常連と思《おぼ》しき客も、女将《おかみ》さんが注文を聞きにくるのを、どことなく襟を正して待っている。うーん、東京の『宇《う》ち多《だ》』、『埼玉屋』にも通じる雰囲気。わかった、この店ではご主人および女将さんが圧倒的に偉い！と言っても、堅苦しいとか、恐《こわ》いわけではありません。ただ客は自然と、「食べさせてください」と懇願する気持ちになってしまうのですね。一見《いちげん》の我々に、

「煮込みでいいかしら。皆さん大体そうなさるから」

聖母の如《ごと》く微笑《ほほえ》む女将さん。はい、お願いします。

透き通った出汁に浸った、くにゅくにゅのホルモン。いわゆる関西ダシってやつ？　とにかく品が良い。別の小鉢に盛られたネギや、七味を振りかける指先に、思わず神経が集中してしまう。秒殺しかかったところを何とか踏みとどまって、それでも一分保《も》つか保たないか。

「もう一回食べたい。でも、後があるからな」

小声で逡巡《しゅんじゅん》するタケさん。そうなのよ。壁のお品書きを凝視しつつ、食べ終わった煮込みの出汁に、ネギを浸して、ちびちび。今後について思案していると、

「後は、お任せになさいます？」

はい、お任せします！　続いて供されたのは、生レバ。レバ刺しかと思いきや、ただのレバ刺しではなかった。言ってみれば漬《づ》けレバ？　そういやさっき、寡黙《かもく》な職人風のご主人が、櫃《ひつ》のような容器から取り出していた。漬けマグロのようにこれだけで丼《どんぶり》にしてもいいのでは。ネックスモーク、チレ刺しと箸を進め、

「なんか恐縮しちゃうよ。俺、ほんと」

肩をこごめ、嘆息するタケさん。私もこの時点で既に、何かを諦《あきら》めました。明日から数日間は、多分何食べてもおいしくないだろうな。でも構わない、こうなりゃもう、好きにして。

タンシチューは、シチューなのにほのかに味噌《みそ》の香り。「和風もつ料理」と聞いていたけど、これはたしかに和風だ。ふいに味噌への郷愁に駆られ、自分が日本人であることを改めて自覚します。

ミノのゆびきは、ゆびきといってもほとんど生。焼肉屋でも念入りに火を通す部位

なのに、臭みもえぐみも全然ない。白肉を生で食べる悦《よろこ》びに、脳が激震。

タン串、ハツ串も、繊細な焼き加減、味付けでありながら、しっかりと食べ応《ごた》えがある。二本続けて食べた後、コールドタンの冷たさが、舌に心地よい。

そしてセンマイ刺し。刺身系は既に三品食べたにも拘《かか》わらず、味が全くかぶらない。醤油《しょうゆ》、鶉《うずら》の黄身醤油、ポン酢の次は、胡麻《ごま》ダレで来たか。しかもセンマイって、確かに胡麻ダレが合うんだよ！

ここまでがお任せ計十品。味も順番も、何もかもが、信じられないほどよく出来た映画のようでした。全《すべ》ての品に、感動と驚きがあった。しかしながら、タケさん、まだ行けるね？

「うん、全部食べよう」

というわけで心のたたき、テールシチューも追加。そうそう、女将さんがおすすめしてくれた特製バイボールも美味《おい》しかった。ウィスキーをソーダで割った一般的なハイボールではなく、多分焼酎《しょうちゅう》？を炭酸を抜いたウィルキンソンで割って、レモンを添えた飲み物。特製でありながら、サントリーの角瓶に詰め替えているというシャレっ気も楽しい。

〆のテール雑炊を、胃袋の余白に一粒一粒行き渡らせて、二人で八千円くらい？

正直、よく覚えていません。茫然自失《ぼうぜん》となって店を出た後、ようやく、

「二人とも初めての店って、初めてかもしれないね」

我に返ったようにタケさんが言いました。そう、今まではどちらかが知ってる店に、どちらかが案内するというパターンだった。二人して同時に『あらた』という一つの解答に至ったことを、

「モツだけに、もちつもたれつって感じだな」

タケさんは駄洒落《だじゃれ》で表現したけれども……。

私はうまいホルモンを食べ、原稿を書いて、お金を貰《もら》う。仕事だという言い訳があるから、こうしてぶらぶら遊んでいても、なんとか間がもつのですね。

一方タケさんは、取材に付き合ってくれて、ホルモン情報を教えてくれて。無職だからこそできることであって、無職の期間が長引けば長引くほど、いろんな意味で働きにくくなる。今までも薄々感じていたけれど、「もちつもたれつ」ではなく、私が一方的に得をしてるんだよ。私が東京行きの切符を買う横で、

「俺は熊野《くまの》でも行くかなあ」

寄る辺なさそうに呟《つぶや》くタケさん。自分が他人にしてあげられることなんて、何もな

い。わかっていたつもりでも、本当に本当に、何もできない。ホームで、
「ありがとう。どの店もおいしかったよ」
お礼のつもりが、さよならのように響きました。

（二〇〇七年八月）

後日談：『あらた』は本当にすばらしい。何度でも行きたい。
それと、無職無職と連発して、この回についてはさすがに
タケさんも、心外そうでした。それに対して私、「でも
今、アナタが事故で死んだりしたら、『二十七歳、無職』
ってことになるよね」。ごめん、言い過ぎた。
タケさんとはどういう関係なのかってことも何度となく突
っ込まれたけど。私は仲間だと思ってるし、感謝してる
よ。

あらた

最寄り駅　西中島南方
大阪府大阪市淀川区西中島四－二－八
地下一階
〇六－六三〇四－五二五〇
一八時～二三時　日月祝定休

部位31

孤独の報酬

大勢での酒席は度々共にしているけれども、サシで飲むのは初めて。そういう編集者と、打ち合わせを兼ねて、新宿のインド料理屋『カラチ』に行ってきました。会話自体は楽しかったし、今後仕事を進める上での収穫も色々あった。初回サシ飲みとしては、まあ上出来だったのではないか。しかしその一方、料理の味が思い出せない。私にとってはよくあるパターンです。おいしかったような気はするけれど、山羊《やぎ》の脳みそカレー、どんな味だったっけ？　うーん、こうなりゃもう一回、一人で行ってくるか。

青梅《おうめ》街道を一本脇道《わきみち》に入った、窓一つない地下のレストランに、客はカップルが一組だけ。サリーを纏《まと》った日本人のお姉さんに、「一人でもいいですか」と一応断り、隅のテーブルへ。コロナビールにレモンを落とし、ズッシリ重たいメニューをめくって、厨房《ちゅうぼう》で交わされる異国の会話に意味もなく耳を澄ませる。あー、やっぱ一人は落ち着くなー。

カレーだけで三十種類くらいあるので、いろいろ目移りしてしまうけど、ここはやっぱり山羊の脳みそカレー、その名もブレイン・マサラ千四百四十九円。ナンも数種類あって心惹《ひ》かれますが、先日食べた限りではごく普通のナンでした。飯粒が食べたい気分だったので、今日はターメリック・ライスを注文。あ、ベジタブル・サモサもください。

注文し終わった後も、メニューを熟読。酒のアテにパパドゥ（薄くてパリパリの、スパイシーなせんべい）でも頼もうか、それともスパイシー・カッシューナッツ？もし次、誰かを連れてきたときは、これを頼んでからあれを頼もうか、等々、とりとめもない思いつきが頭を去来。お、サモサが来たね。

インド風コロッケと言われているけど、コロッケというより揚げ餃子《ギョウザ》に近い食べ物です。青唐辛子とケチャップ、辛くなりすぎないように二種類のソースを調合して、モグモグ。やっぱ揚げ物、そして辛いものはビールが進むな〜。飲み物のメニューを探して、ふと、あることに気がつきました。インド料理屋なのにビーフカリィがある！　インドと言えばヒンドゥー教。牛は神聖な動物だから食べないんじゃなかったっけ？

不思議に思い、メニューの表紙や入り口の扉などをキョロキョロ。目に入ったのは、「パキスタン・インド料理」という文字。再びメニューに目を落とすと、鳥、牛、羊、山羊、エビ、やっぱり豚がない！　パキスタンはイスラム教徒が多いからか？

このないだ来たときは気づかなかったけど、つーか、カレーがたくさんあるからインド料理屋だとばかり思っていたけれど、どちらかと言うとパキスタン料理がメインなのかもしれない。酒類もあるし、ご親切にナイフやフォーク以外に割り箸《ばし》も置いてあるので、まあ別に何料理屋でもいいんだけど。そもそもインド料理とパキスタン料理の違いって何？　ビーフカリィが強烈に気になる……。

よし、次に来たときはビーフカリィだ。と決めたところで、ブレイン・マサラが到着。アロマポットのような、下から蠟燭《ろうそく》の火で保温する容器に入っています。大食いだけど決して早食いではない、よく嚙《か》んでゆっくり食べる私には、これは嬉《うれ》しい。

山羊の脳みそカレーと言うと、グロテスクな代物《しろもの》を想像する方もいるかもしれませんが、見た目は普通。茶褐色のルーの中に、ところどころ見える白っぽい固まりが脳みそ。あとはトマトやピーマン、てっぺんに生姜《しょうが》の千切りが添えられています。きれいなドーム型に盛られたターメリック・ライスをほぐして、白い肉片と一緒にルーをかけて、いざ、いただきます。

山羊の脳みそも、牛や豚、馬とそれほど変わりません。つまり、魚の白子のようなとろっとした食感とマイルドな味わい。そうそう、こないだ来たときもこんな味だった。

カレールウを少し避けて、脳みそだけを味わってみると、若干羊肉っぽいクセがあるかな。そして、煮込んだせいかもしれませんが、今まで食べた脳みそと比べて、少し歯ごたえが強い。肉繊維というか、筋のようなものも嚙み分けられました。山羊って頭いいのかな、バカそうに見えるけど。

普通に食べると、まず脳の甘みにトマトの酸味が絡《から》んで、飲み込んだ後に辛さがやってくる。一般的なカレーと比べて、脳みそがゆで卵、トマトが福神漬けやラッキョウのような役割を果たしています。つまり甘味と酸味と辛味の三位《さんみ》一体。それがより高度に実現されている。これは、カレーとして、とてもよく出来ているのでは。

そういや、先日の編集者氏も、一緒に頼んだひよこ豆のカレーより、ブレイン・マサラを積極的に食べてたもんな。すいません、ビールもう一杯！

食後にチャイで一服。うーん、満足満足。しかしね、先日も同じ店で、同じものを食べたはずなのに。

思い出すのは、「おしゃべりに夢中で、給食を食べるのが遅れてしまうようです」、小学校の通信簿に書かれていた言葉です。要するに、同時に二つのことができなかったのだと、今にして思う。

食べながら口を開けると怒られるし、黙々と食べていても怒られる。よく嚙んで食べろと言われる一方で、早く食べろとも言われる。そんなの、全部いっぺんにできません、どっちかにして！　あの頃はそう思っていたし、今でも一つのことしかできない。

ガード下を吹き抜けてきた風に、ほんの少しだけ秋の気配、というより夏の残り香。頭の中では、ストーンズのあのアルバムのイントロ。この先、誰かとこういう時間を共有することがあったとしても、たぶん一人でご飯を食べに行くことはやめられないだろうな。

（二〇〇七年八月）

後日談：カラチはパキスタン最大の都市だということを、ごく最近知りました。赤面。
後日ビーフカリィも食べに行きましたが、普通においしかったです。でもやっぱりこの店には、好奇心旺盛《おうせい》な人を連れてきて、ブレイン・マサラを頼むのがいいと思う。

カラチ

最寄り駅　新宿
東京都新宿区西新宿七−一〇−一〇
地下一階
〇三−三三六四−三四五八
一一時〜二三時　無休

部位32

時間という隠し味

仕事を始めたのは二十三歳のときです。どの職種でもそうだと思いますが、自分より年上の人たちに囲まれて、右も左もわからない。失う物も別にないけど、私にしかできないことなんて、ないんじゃない？　そんな話をした覚えはなかったのですが、ある日、

「俺たちの仕事にはさ、マニュアルがないんだよ」

文筆歴二十年の大先輩が、誇らしげに言いました。嬉しかったです、「俺たち」という言葉が。

数年経《た》ってわかったことは、マニュアル臭い同業者もいれば、マニュアルに頼らない会社員もいる。その先輩も、その上で「俺たち」と言ってくれたのだろうと、今にして思います。

初めての印税で引っ越しをしたとき、候補地として考えたのが江東区森下でした。理由は、うまくて安い店がたくさんありそうだから。実際に知っていたのは一店だけだったけれども、おいしいということがこの街では特別じゃないのだなと思わせる、下町の余裕と緊張感があった。その森下を代表する、煮込みとやきとんの老舗《しにせ》が『山《やま》利《り》喜《き》』です。

待ち合わせは午後六時。アルパカ似編集者のヤナパカと本館に向ったところ、既に満席だったため、新館へ案内されました。どちらも駅徒歩三分圏内、料理もほとんど変わらないみたいだし、まあいっか。

下町臭とオヤジ臭がミックスされた本館と比べて、新館はコザッパリ。お盆明けの、どこかのんびりした表情のサラリーマンに混じって、とりあえずビールで乾杯。どうでもいいけど、この日のヤナパカ、なかなか見事な露出っぷり。この後デートなの?

「サトウさんと会うから。でもこれ、乳首の位置が合ってないんです、私、巨乳だから。アッハハハ」

突っ込みどころ満載すぎて、返答に窮していると、煮込み五百五十円が到着。柳川《やながわ》鍋《なべ》用の鉄鍋で、ぐつぐつと音を立てています。早速、頂上に盛られたネギと一緒に、肉片を一口。おや、これは……！

柔らかいモツの歯ごたえと、内側から鼻に届く甘い香り。赤茶色の煮汁に、シロから溶け出た透明な脂《あぶら》。今まで食べてきたモツ煮込みとは、まるで違う。ヤナパカも興奮した表情で、

「これ、何の味ですかね？」

材料は牛のしろ（小腸）、八丁味噌《みそ》、ブーケガルニ、ポートワイン、ザラメ。現在の三代目店主は、かつてフランス料理を志していたらしい。事前にお店のホームページを調べ、味も予想していたけれども。正直、驚きました。純和風な煮込みを否定することなく、全くオリジナルな煮込みが完成されている。味噌なのに洋風！

お品書きには、刺身やだだ茶豆などの定番メニューに紛れて、テリーヌやビシソワーズ。飲み物も日本酒や焼酎《しょうちゅう》の他、ワインもけっこう揃《そろ》えている。せっかくなので洋食系で攻めてみようか。前菜盛り合わせ、ビシソワーズ、カリカリのガツ、どうよ？

「あっ、『煮込みと一緒にどうぞ』って書いてあります、これも頼みましょうよ！」

ヤナパカのリクエストに従って、ガーリックトースト二百五十円も注文。これがまた、煮込みとよく合うんです。カリカリの食感と煮汁の脂、ニンニクとバジルの風味

と煮汁のコク。こうなりゃひたすら、煮込み煮込み煮込みパン、煮込み煮込みパン。ビールを挟むと味覚がリセットされて、何度繰り返しても悦《よろこ》びがある。ビーフストロガノフみたいに、ごはんにかけてもおいしいかもな。いや、オニオングラタンスープみたいにチーズを乗せてオーブンで焼いてみるとか？　新しい煮込みの出現、様々な可能性に胸が膨らみます。ヤナパカは再びメニューを指差して、

「西洋わさび、『やきとんと一緒にどうぞ』って書いてあります！　やきとんもすごそうですね〜」

しかし、あまりの煮込みに、期待しすぎてしまったのでしょうか。その後、カリカリのガツを食べては、

「でも、私揚げ物好きですよ」

やきとんもいろいろ頼んだけれども、

「でも、ナンコツのたたきはおいしかったですよ」

基本的にはどれもおいしいのです。さすが森下の老舗、居酒屋としてのレベルは非常に高い。しかし、ヤナパカがいちいち「でも」を付けて褒めている。

ヤナパカは現在二十三歳。四つしか違わないとはいえ、いろいろ気を遣ってくれているのでしょう。冷めてしまったやきとんを、せっせと口に運んでいる様子を見て、

「やきとんもおいしいけどさ、煮込み、もう一つ頼もっか。ゆで卵入りってのもあるよ」

「え、サトウさんが食べたかったら、私は何でも」

でも、さっきの煮込み、ほとんど私が食べちゃったじゃん。遠慮してたんでしょ？今まで年上の編集者ばかりだったから、私、こういうのあんまり慣れてないんだよなあ。


結局、煮込みゆで卵入り六百円とガーリックトーストを新たに平らげてから、銀座に移動。私はスコッチ、ヤナパカは水割りを飲みながら、

「私、そんなに自虐《じぎゃく》キャラなんですかね」

ポツリと漏らしました。どうも、上司から「自虐ギャグだけじゃダメだよ」と言われたことを、気にしているようです。うーん、わかる……。

私自身、仕事相手と会うときは、とりあえず笑わせることを考えます。しかし、それだけだといずれ、本気では相手にされなくなってしまう。その人と打ち解けて仕事をする、そのための手段だったはずなのに。

「難しいよね」

帰りのタクシーで、またあの先輩の言葉を思い出していました。私たちの仕事にはマニュアルがないんだから。いつか、面と向って朗らかに、そう言えるようになりたい。

（二〇〇七年八月）

後日談：冒頭の先輩というのは石丸元章さんのことで、吾妻《あづま》橋の『やぶそば』や赤坂の『ビルボケ』、庚申塚《こうしんづか》の『ファイト餃子《ギョウザ》』、色々連れ歩いてくれました。街で飲み食いする楽しさも、私はそこで覚えたようなもの。

山利喜《やまりき》　新館

……………

最寄り駅　森下
東京都江東区森下一−一四−六
〇三−五六二五−六六八五
一七時〜二三時　日祝定休

部位33

親心あればモツ心

時々、犬の散歩をするために実家に帰る、などと言うと、上京組の友人には笑われます。たしかに、今のアパートと実家は往復一時間の位置関係。なんでわざわざ一人暮らし、と自分で思わないでもない。

きっかけは酒とタバコでした。夜中に帰宅したり、部屋で喫煙したりしては、母親に小言を言われる。心配かけて悪いなあとは思うけど、まあ歳《とし》も歳だし。酒もタバコも好きなんだからしょうがないじゃん。

双方にとっての解決策、というのは建前で、要は面倒臭くなって家を出たのが四年前。一応末っ子の気遣いで、近距離に引っ越したのですが、最近は足が遠のいていました。だって、相変わらず酒飲みだし、タバコ喫《の》みだし。結婚の話とか振られても困るもん。

両親揃って家を空けるということで、例によって、夕方の犬の散歩を頼まれました。実家の近所には飲食店がほとんどありません。早めに晩飯を済ませて、六時くらいに着けばいいかな。

とんかつ屋に寄るつもりで、大井町で途中下車。しかし、時間が早すぎたからか、暖簾《のれん》が出ていない。すぐ裏手には、以前から気になっていた立ち飲みスポットがあるのですが、ここはちょっと勇気が要ります。

というのも『肉のまえかわ』、看板どおり、肉屋の中でモツ焼きと酒を出しているという、一風変わった営業形態。とんかつ屋の帰りにチラ見しつつ、鈴なりになったオッサンたちの背中で中の様子が窺《うかが》えず、いつも素通りしていました。

歩調を緩めながら近づいてみると、今日はまだそんなに混んでない。よし、チャンス。軒先のテーブルから、まずはビールを注文しようとしたところ、

「ビールはあっちです」

どうやら、店内の大型冷蔵庫から客が勝手に缶ビールを取り出すことになっているらしい。店の中に足を踏み入れると、たしかに肉屋。冷蔵ケースの中にはちゃんと精肉も並んでいます。コロッケやメンチカツ、つまみのほうが圧倒的に多いけど。

無事に缶ビールを手にしたところで、店の隅に、陣地を確保。焼き台の上のお品書きに目を走らせます。モツ焼きはほとんどが八十円か百円、一番高くてハラミ二百円。ちなみに、缶ビールは二百七十円です。ほとんど原価じゃん。

「ハツとレバとハラミ、全部塩で」

注文すると、お店のお姉さんがガス式の焼き台に肉をセット。無造作だなあ……。不安になりつつ、タバコに火をつけて、何気なく店内を観察。今更ながら場違いだなあと、他人事《ひとごと》のように思う。

スヌーピーの絵皿で手渡されて、まずはハツを一口。おや、あまり期待してなかったわりには、イケルぞ。ほんの少し臭みはあるものの、全然許せるレベル。歯応《はごた》えと脂の乗り具合、塩加減は丁度よい。

次はとり皮とつくね、ネギをタレで頼んでみたところ、これが正解。さらっとした醤油《しょうゆ》ダレが、肉やネギの甘味とほどよくマッチ。ヘンな褒め方だけど、あったかい駄菓子というか、買い食いの楽しさが味わえる。

ネギとつくねを交互に頬張っていると、会社員風の男性が一人、店の前をうろうろしています。見たところ三十代後半、男の人でも入りにくいんだろうなあ。あ、入らないで行っちゃった……。ふと周りを見渡せば、いつの間にか店内はけっこうな賑《にぎ》わい。ここらが潮時だろ。ウメ割り二百三十円を一気に飲み干して、さくっと退散。ちなみに二、三十分ほどの滞在時間中、肉を買いにきたお客さんは一人だけでした。

そのまま実家に直行してもよかったのですが、ホルモン心に火がついてしまったというか。細い路地を抜けて、やはり以前から気になっていたモツ焼き屋『広《ひろ》』へ。時間が早いからか、先客は会社員風のオジサンが一人。テレビのニュース番組を見ながら手酌しつつ、カウンター越しにご主人と雑談しています。

一本だけ、と決めて、女将《おかみ》さんに日本酒を常温で注文。お通しのおでんは、がんもどき、ちくわ、ちくわぶ。実は、おでんの具で一番好きなのがちくわぶなんですよ、ラッキー。ダシの染《し》み込んだがんもどきを含んで、もう秋だなあ。

モツ煮込み三百五十円は、白味噌ベース。『まえかわ』の雑駁《ざっぱく》さとはうってかわって上品な味わい。豚モツ、こんにゃく、ネギ、具は至ってオーソドックスですが、なんと黒胡椒《こしょう》が振ってある。どの店でも煮込みには七味か一味が常識。黒胡椒も合うのか！　これは嬉《うれ》しい驚きです。

これがナンコツかと思うほど柔らかいナンコツ、焦《こ》げ目がつくほどカリカリに焼き上げたアスパラ巻き。食べ進めるにつれ、いろいろ頼みたくなったけど、さすがにそろそろ、散歩の時間。再訪を誓いつつ、千三百円ほどの会計を済ませ、急いで駅へ。

実家に着く頃には、すっかり日も暮れてしまいました。犬に急《せ》かされて、三十分ばかりの散歩。ウンチ袋を処理しようと家に入ると、食卓には、さんまの塩焼き、ポテトサラダ、枝豆、炊《た》き込みご飯、豚汁。一汁三菜とともに、「ごくろうさま」という書き置き。

学生時代からなんとなく、どんなに飲んで帰っても、お腹《なか》一杯でも、母親が作ったご飯には必ず手をつけていました。仕事で日中家を空けていることへの負い目からか、昔から「食事だけは作る」というのが母親の口癖だったから。

大食い、そして食べ物の好き嫌いなく育ててくれたことに感謝しつつ、完食。食器を洗いながらふと、娘が立ち飲み屋で一本八十円のやきとんを食べてると知ったら、泣くかなあ……。

親の心子知らずということを、私が親の側から知ることはないかもしれない。孫の顔がどうこうということよりも、そっちのほうがもっと根本的に申し訳なく思う。まあ、謝ってもしょうがないんだけど。

（二〇〇七年十月）

後日談：ちなみに母親は小学校教員、父親は会社員という家庭に育ちました。意外とカタイでしょ。

肉のまえかわ

最寄り駅　大井町
東京都品川区東大井五－二－九
〇三－三四七一－二三七七
一六時〜二〇時三〇分
日曜定休

部位
34

風邪によく効くホルモン缶詰

　風邪をひきました。熱、喉《のど》、鼻、至って普通の風邪。寝てれば治るとタカを括《くく》りつつ、困ったことに食べ物の味がよくわからない。しかも、このところハズレ続きで、この連載の取材ストックがない。行ってみたい店はいくつかあるし、行って行けないこともないけれど、味がわかんなきゃ、意味ないよなあ。

　こんな時のため、というわけでもないのですが、ふと思い出したのは、非常食ならぬ非常ホルモンの存在。たしか、この辺にしまっておいたはず。だるい体で、流しの下の棚をゴソゴソすると、芽が伸びたジャガイモや、去年の米に紛れて、モツ煮缶、レトルト牛スジ、レトルト鳥皮が出てきました。うーん、これで今日の晩飯、何とかしてみるか。

まずは、レトルト鳥皮。よくコンビニのおつまみコーナーにおいてある、アレです。一応、塩味で焼いたものがパックされているのですが、これ、そのまんま食べてもあんまおいしくないんだよなー。前にレンジでチンしたら、異常に小さくなっちゃったし。

レトルトパックを片手に、とりあえず冷蔵庫を物色。大根の切れ端、これ使うか。若干鮮度が気になったものの、おろしてみるとフツーっぽい。よし。

パックから鳥皮を出して、細切りにします。脂《あぶら》で包丁が滑って、細切りというより短冊《たんざく》に近いけど、気にしない気にしない。以前居酒屋で食べた、鳥皮の紅葉おろし和《あ》えをイメージしたものの、唐辛子がないので、梅干しをたたいて代用。万能ネギがないので、長ネギの青い部分を細かく切って、やっぱり代用。ざっくり和えて、ぐい飲みに盛りつけ。お、見た目はなかなかいいんじゃない？

同じように、コンビニ系のレトルト牛スジ。これはまだ食べたことないけど、パッケージを見た限り、醬油と砂糖で煮たものらしい。これもぐい飲みにあけて、レンジでチン。白髪ネギをたっぷり、唐辛子（輪切りならあるんです）を少しだけあしらって、まあこんなもんだろ。

二品テーブルに並べて、しばし呆然《ぼうぜん》。これって、ツマミだよな……。いやいや、風邪だから酒はやめとこう。誘惑を無視して、鳥皮に箸《はし》を伸ばします。悪くないけど、ちょっと塩気が強すぎた。元々の塩味に梅干しだもんな、レモンを絞るくらいにしておけばよかったのかも。まあ、酒のアテにはよさそうなんだけど。

牛スジは意外とヒット。白髪ネギのシャキシャキ感と、唐辛子の刺激が、甘辛い味付けをほどよく抑制しています。一味と輪切り唐辛子で迷ったのですが、酒呑《の》みとしての勘は正しかった。うー、こうなるとやっぱり、熱燗《あつかん》が欲しい。

非常ホルモンがあるなら、非常酒もある。いや、別に酒は普通に常備されているのですが。お燗機能がついた日本酒って、なんとなく非常用な感じがしませんか？　防災袋の中に入れておきたいというか。

お燗機能というのは、その名のとおり、ボタン一つでいつでもどこでも、中の日本酒が温められるようになっているのです。便利なものがあるもんだなーと酒屋で感心して、ついつい、いざという時のために買ってしまった。どんな「いざ」なのかよくわかんないけど、なんとなく、今のような気がする。

鼻が詰まっていて、頭は酸欠気味。あまり深く考えずに缶底のボタンをプッシュ。わたせせいぞう先生画の「燗番娘」のイラストと見つめ合いながら、待つこと五分。チビリ、チビリ。ホラね、あったまる〜。

ちゃんと栄養面も考えてますよ。〆《しめ》はもつ煮缶を使った煮込みうどん。さっき、ちゃんと用意しておいたもんね。缶の具は、豚モツ、大根、にんじん、ごぼう、コンニャク。豆腐を入れたかったのですが、小鍋《こなべ》にあけたところ、けっこう具沢山だったので断念。煮込み用に水を追加して、元々の味噌《みそ》味に、麺《めん》つゆと粉状のだしを加えて調節。風邪対策に、残っていたネギを全部ザク切りにして、煮込んでおきました。熱燗とツマミで身も心も暖まったところで、再び小鍋を加熱。うん、ネギもクタクタになってるね。茹《ゆ》でて水洗いしておいた平麺を投入して、グツグツ。匂《にお》いはわからないけど、けっこううまそうじゃん。

どんぶりに溢《あふ》れんばかりにうどんをよそって、柚子《ゆず》七味をパラパラ。一旦《いったん》鼻をかんでから、ズルズル〜。体の調子は悪いけど、とりあえずご飯が食べられてよかったな。それに、けっこう楽しかった。

食べ物に限らず、何かを作るのはわりと好きです。ただ、自分できちんとダシを引かないと、料理とは呼べないような気がする。

そうか、これって、料理というより、調理なんだよな。調理って、サンドイッチとか炒飯《チャーハン》とか、学校の家庭科のイメージ。今思い返すと、調理実習ってツナ缶とかカニかまとか、けっこう加工食品も使ってたし。

料理する？　一人暮らしをしていると、しばしばそう訊《き》かれることがあります。その度に、どっちに答えてもウソだという気がしてたけど。料理はしないけど調理はします、今度からそう答えよう。

ところで、なんでこんな非常ホルモンを買い置きしていたのか、自分でもよくわかりません。酔っぱらって帰ってきて、起きたら、買った覚えのないコンビニの袋が部屋に転がっていた。そういうことって、よくあるでしょ。今回使った鳥皮や牛スジは、それです。

もつ煮缶は、新潟駅の新幹線のホームで買いました。仕事で訪れたのですが、土産を買う時間がなかったので、キオスクで見かけて、つい買ってしまった。製造元は千葉県銚子《ちょうし》市、秋葉原で人気のおでん缶の姉妹品らしい。土産にも何にもならないんだけど。

仕事だから当然と言えば当然なのでしょうか、特に意識してない時も、私、意外とホルモンを求めているみたい。今さら、喜ぶでも嘆くでもないけれど。布団《ふとん》をかぶって目を閉じると、鳥皮を手にフラフラしていた、明け方のコンビニの光景が思い出せそうな。

（二〇〇七年十月）

後日談：別に家庭的なところをアピールしたかったわけじゃない、本当に苦肉の策だったんだけど、この回は男性に好評でした。曰《いわ》く、「意外と料理するんだね」。……やっぱそういうイメージだったか。

部位35

誰かがこっそり

自分の仕事はけっこう気に入っているのですが、時々残念に思うのは、同僚がいないこと。もちろん編集者やデザイナー、いろんな人と一緒に仕事をしているという意識はあるけれど、仕事相手だからこそ、言えないこともあるわけで。

「飲める？　ちょっと相談したいことがあって」

飲み仲間のヤマさんを呼び出しました。彼女の会社が終わる時間に合わせて、向った先は新宿『赤ちょうちん』。店を指定したくせに道に迷い、ヤマさんに電話すると、

「先に着いちゃった。『出世料理』ってちょうちんが出てるから、すぐわかると思うけど」

お、あったあった。出世料理ってどんなだろ。

カウンターの奥に進むと、小上がりの座敷でヤマさんが壁のお品書きを眺めていました。早速、

「私、これが気になってるんだけど」

なになに、ガツのネギ和え？　うん、よさそうだね。昔は肉嫌いだったのに、最近ではすっかりホルモンメニューの目利《めき》きができるようになったヤマさん。

「刺身がおいしいらしいから、盛り合わせ頼もう」

「でも、この値段だと量が多すぎるんじゃない？」

作戦会議もスムースに進み、刺身小盛り合わせ千五百円、ガツのネギ和え、ごま胡瓜《きゅうり》を注文。

とりあえずビールで乾杯したのも束《つか》の間《ま》、早速ガツのネギ和えと、ごま胡瓜が到着しました。ボイルしたガツ（豚の胃袋）を千切りにして、白髪ネギと和えた一品。シャキシャキのネギと、ピリ辛の味付けにビールが進む進む。ヤマさんはウンウン頷《うなず》きながら、

「淡白だけどいい奴《やつ》だね、ガツ君は」

そうそう。辛子とポン酢でもおいしいし、酢みそで和えてもおいしい。意外といい

奴なんだよ。

刺身盛り合わせは、値段から予想されたとおり、小でもなかなかのボリューム。八種類のホルモンが一緒くたに盛られているのです。お品書きによると、レバ、チレ、ハツ、タン、ミノ、センマイ、ハラミ、コブクロ。レバと思われる肉片を食べて、

「違う、これはチレだ」

「こっちはハツだった。レバはこれじゃない？」

などと当てっこ。全部新鮮だからこその、楽しさです。皿全体にタレが回しかけられているのを確認した当初こそ、不安になったのですが。このタレは良い。醬油《しょうゆ》ベースに韓国系の辛味噌を混ぜたものだと思われますが、辛過ぎないし、濃過ぎない。辛味噌系のタレって、店によっては肉の鮮度も味もわからない場合が多いのですが、このタレの辛味は、肉の甘味をちゃんと引き立てている。

特にチレ！　タレでピリッとした舌に、トロッとした甘味が広がる瞬間がたまらん。にぎり寿司《ずし》にしたいなあ……。いや、そんな贅沢《ぜいたく》は言わない、ご飯が欲しい。魚の刺身のように温かいご飯に載せて、この刺身をバクバク食べたい。

「ご飯あります、って書いてあるよ」

私の心の声を聞いたかのように、ヤマさんが指差しました。しかし、残念ながら品

切れ。うーん、じゃあ虎《とら》マッコリ、ボトルで。あと煮込みもくださーい。

煮込みは、シンプルながらもこってり系。大ぶりのホルモンから、これでもかと言わんばかりにコラーゲン。さっぱりしたごま胡瓜と交互に突《つつ》きつつ、

「焼き物、どうする？」

再び作戦会議です。ミックス焼きが気になったものの、小盛りでも三千円。うーん、さすがにそんなに食べられない。

「私、チレがもう一回食べたい。チレ玉、どう？」

ヤマさんのリクエストにより、チレ玉と、ニラ炒《いた》めを追加。お品書きの並びからして、チレ玉も焼き物と思われたのですが、まさかのチレ刺し、大盛りでした。しかし味付けが先ほどとは違う。辛味がない醬油ダレ、皿の中央には卵黄。今度は肉の甘味と卵の甘味の掛け算です。口飽きすることなく完食。

ニラ炒めは、本当にニラだけを炒めたもの。お店のお姉さんに確認した上で、注文したのですが、

「サービスで、シビレも入れておきました」

取材だと明かしていないのに、サービスの枠をはみ出すほどたっぷりシビレが入っています。しかもそのシビレが、やわらかいのに肉組織が高密度。これは満足度が高

い。次に来たら、刺身とシビレニラ炒めで、白飯をがっつこう。

お会計は一万千円。安くはないけど、これなら納得。客層も、三十代から五十代が中心で、

「あの人はそう言うけど、俺は違うと思うんだよ」

「それはやっぱり、相手にわかるように言わないと」

グチではない仕事の話をしている様子が印象的でした。この辺が出世料理たる所以《ゆえん》なのかも。

ちなみに私の相談というのは、こういう企画どう思う？　といった手合いのものだったのですが、

「どうも編集者に怖がられている気がするんだよね」

酒のせいか、店の雰囲気のせいか、よりディープな悩みを打ち明けていました。

「うーん。私は最初会った頃のイメージがあるから、なんとも言えないけど」

最初に会った頃、私どんなんだったっけ。

学生時代、キャンパスでシネマテークをやっていました。教室を借りて、映画をかけて、資料を配るというものだったのですが、

「立て看、一人で二つ、引き摺《ず》ってたじゃん」

あー、あんとき私、なんだか知らないけど頑張ってたよな……。私も、ヤマさんが一個看板を持ってくれたことは、覚えてるよ。

明確な目的があって仕事をしているわけではないし、生きているわけでもない。当時も今も、それはあんまり変わらない。でも、もし誰かがそれを見ていてくれたら、覚えていてくれたら、それでいいような気がします。出世しても、しなくても。

（二〇〇七年十月）

後日談：いや、出世はしないとイカンでしょう。世話になった人も迷惑かけた人も、たくさんいるし。『赤ちょうちん』には、こないだ久しぶりに行って来ました。シビレニラ炒めは、思ったとおり、白飯とよく合いました。

赤ちょうちん

最寄り駅　新宿御苑前
東京都新宿区新宿一－一八－一〇
〇三－三三五四－七二六六
一七時～二三時
日祝、第二土曜定休

部位36

鏡よ、鏡

喉《のど》の渇きに目が覚めて、とりあえず水だしのお茶をがぶ飲みして、シャワーを浴びて酒を抜く。午前中は洗濯や片付けをして、午後からつらつら机に向い、夜は引き続き机に向うか、飲みにでかけるか。

一年三百六十五日、このパターンが一番多いです。こういう生活をしていると、私大丈夫かな、とふと思う。職業柄なのか、小心者なのか、自分が著しくヘンな人になっていないか、世間離れし過ぎていないか、気がかりなのですね。

物書きなんて、ある程度狂ってないとできないだろうと思いつつ、時々見かけるイタイ人にはなるべくならなりたくない。境目は、自己認識が合っているかどうかだと思うのですが。

朝から飲まず食わず、〆切《しめきり》を過ぎた原稿を送って、どうにか晩飯の約束に間に合いました。向った先は学芸大学『げってん』。今年二月にオープンしたもつ鍋《なべ》屋で、紹介者のオグリくん曰く、

「ホルモンに関しては信頼できる人が教えてくれたから、多分おいしいと思うんだけど」

説明もそこそこに乾杯。アー、飢え死にしそうだったよ。バーを改装した洒落《しゃれ》た店内で、私が思わずオヤジ声を漏らすと、

「言ってくれれば、いつでも食べ物持っていくのに」

比較的ご近所さんのアイさんから、暖かいお言葉。二人とも、学生時代からの友人です。

「生でも召し上がれますので」

お通しは地鶏《じどり》の炙《あぶ》り。と称して、生肉と熱々の石板のセット。要するに自分で好きなように炙って食べるらしい。うーん、ひねくれ者なので、こういう凝ったお通しにはつい警戒してしまうのですが、

「なんかこれ、すごくおいしいよ」

どれどれ。オグリくんの言葉に、生肉を摘《つま》んで石板にジューッ。なるほど、たしか

に旨《うま》い。鳥刺しとしてそのままお通しになるほど、肉は新鮮、塩加減も絶妙。ベリーレアにしたり、よく焼きにしたり、自分で調節できるのも楽しい。これは期待できる、メインはもつ鍋だけど、他も色々食べたいなあ。

「酢モツ、馬刺、タラモサラダ……」

気になったメニューを読み上げると、

「僕、地鶏の唐揚げ食べたいんだけど」

「鯖《さば》の昆布〆もおいしそうだよ」

よし、全部頼もう。三食分の栄養を摂取すべく、矢継ぎ早に注文。酢モツの玉ネギのシャキシャキ感、タラモサラダのたらこのプチプチ感、食事の序盤として大変良い予感がする。

もつ鍋屋と聞いて博多料理屋を想像していましたが、メニューによると馬刺は熊本産、地鶏は鹿児島産、九州を全体的にカバーしている様子。馬刺にはたてがみも入っていて、白肉好きの私には嬉《うれ》しい。たてがみ、九州式の甘い刺身醤油も合うんだなあ。

地鶏の唐揚げは、歯応《はごた》えしっかり、旨味がみっちり。スナック的な唐揚げも嫌いじゃないけど、やっぱ肉を食べてる充実感が、私は好きだ。芋焼酎《じょうちゅう》でも飲もうかね。

お湯割りを頼もうとしたところ、くろじょかをすすめられました。

「人肌に暖まったら、火から下ろしてください」

店員さんの説明を受け、旅館の朝食に出てくるような装置で土瓶を温めながら、卓上を一旦《いったん》片付けます。そろそろ本命、もつ鍋の出番。醤油味千三百八十円と、味噌《みそ》味千四百八十円がありますが、

「やっぱ醤油でしょ」

全員一致で醤油味二人前。たっぷりのキャベツとニラがじわじわと沈んでいくのを眺めながら、

「ちょっとかき混ぜてみようか」

「ダメ、このまま待とうよ」

箸《はし》を休めて、くろじょかをちびちび。こういうとき、寒い季節も悪くないなあと思う。

予想されたとおり、もつ鍋もマル。煮ればいいんでしょ的な鍋は、私は嫌いですが、ここのはちゃんと考えられてますよ。他所《よそ》と比べてニンニクが少なめ、ニンニクに頼り過ぎずに、ホルモンの旨味をストレートに楽しめる。もちろんホルモンはプルプルです。

〆に自家製熟成麺《めん》を頼むと、光沢のあるラーメン風の麺が出てきました。え、もつ鍋の〆はちゃんぽんなんじゃないの？

「ご主人、ラーメン屋やってたらしいよ」

オグリくんの説明に頷《うなず》きつつ、ツルツルッ。特に麺を啜《すす》ろうと思わなくとも、麺のほうから勝手に口の中に入ってくる。ついでに雑炊も平らげて、三人で一万五千円弱。味と雰囲気からして、もっと金額いくかと思ったのに。

実は、このところ酒の予定を入れ過ぎて、この日ホルモン取材をしないとマズイ、もうおいしくなくても何でもいい、そういう切羽詰まった状況でした。

「ほんとにありがとう。助かったよ」

私が勘定を持とうとすると、二人とも遠慮したけれど。普段割り勘なので、逆に気を遣わせるかもしれないけど、そこはやっぱり、きちんとしよう。

以前書いたとおり、オグリくんはフリーター、アイさんは自宅療養中。私にとっては平日のよき友です。土日をあまり気にせず遊びに誘える。

平日に遊べる人は他にもいたけれど、何人かは縁が切れてしまいました。会社社会からドロップアウトすると、どうしても、金や時間の使い方が周囲の人間とずれていく。私自身、そのずれを意識して、諸々《もろもろ》微調整していかないとなあと、思ってはいるのですが。

「今度は飲食店だから、ちょっと眉毛《まゆげ》整えてみた」

「去年と比べて、最近、びっくりするほど元気」

淡々と話すオグリくんやアイさん。縁が切れた友人との違いって何なんだろう。私は大丈夫なんだろうか。正直よくわかんないけど、この人たちが付き合ってくれているうちは、きっと。


（二〇〇七年十月）

後日談：オグリくんはそのまま飲食業界に就職し、アイさんも無事職場復帰を果たしたけど、相変わらず付き合ってもらってます。会社員かどうかって、根本的にはあんま関係ないんだよな。

げってん

最寄り駅　学芸大学
東京都目黒区鷹番二−二〇−一七
〇三−三七一六−一〇三〇
一七時三〇分〜二六時
（日祝〜二四時）無休

部位37

いわゆる普通の二十七歳だわ

あなたは男をやっているって意識はあんの？　数年前、酔っ払って友人にそんなクダを巻いたことがあります。女は云々《うんぬん》とわかった風な口を利《き》いていたので、しゃらくせえとばかり、つい口走ってしまった。

最近、わけあって婦人運動関係の文献を調べていたせいか、そんなことを思い出しました。ふり返って、まず思うのは、ヤな女だなー。しかしまあ、女をやっているという意識が自分にあったのかと問うてみれば、あったんだろうなと思う。今もその頃も、もしそういうものに平均点や偏差値があるとすれば、かなり劣等生ではあるけれど。

平日の午後七時、編集者Y氏と大井町で待ち合わせました。大井町には好きなとんかつ屋があって、その前を素通りするのはかなり心苦しいのですが、向った先は『広《ひろ》』。数週間前に一人で立ち寄ったもつ焼き屋です。なかなか好感触だったものの、そのときは時間の都合であまり食べられなかった。

カウンターに腰掛けて、とりあえずビールで乾杯。豚もつ煮込み豆腐と、梅ささみ、ガツ酢。前回、隣の人が食べてて気になったものを中心に注文し、

「あと、味噌キュウリと味噌キャベツ、どっちがいいですか？」

選択肢の少なさに、Y氏は苦笑。

「どっちでもいいですよ」

じゃ、キュウリにしましょう。本当は、打ち合わせと取材を同時にするのは苦手なのですが、Y氏はホルモン連載のことも、私の性質もある程度知っているので、気が楽です。加えて、同世代ながら妻子持ちなので、サシで飲んでも、お互い妙な気遣いをする心配もない。やっぱ、所帯を持つって大事だなー。

煮込みの具は豚モツとコンニャク、ネギ。オーソドックスな味噌味ながら、黒胡椒《こしょう》がふってあるのが特徴。一味や七味ではなく、このオリジナリティが良い。

今回は豆腐入りを頼んでみたものの、前回の煮込みと比べて、若干味が薄まる印象。まあ当然と言えば当然なんだけどね。黒胡椒とネギの刺激と、煮込みの甘味、コ

ントラストが弱くなってしまっているのが勿体《もったい》ない。よほど豆腐を食べたい気分でなければ、今度からは普通の煮込みを頼もう。

梅ささみは、一口大に切ったささみに軽く火を通して、梅肉ときざみ海苔《のり》をふんだんに載せた一品。自分が梅干し好き、海苔好きであることを再確認しつつ、パクパク。ささみの表面の、塩がカリカリしているところが嬉しい。うー、そろそろ日本酒にしようかな。酒の注文に迷いつつ、先ほどからY氏の箸があまり進んでいないことも気にかかり、

「何か他にも頼みましょうか」

「いや、ちびちびいただいてますよ」

そう？　じゃあ、互いに自分のペースでやりますか。編集者とこの手の酒をともにする場合、一緒に食事をする連帯感を重視するタイプと、個人個人の好みを重視するタイプと分かれるのですが、Y氏は後者の様子。私も気にせず、ビール党のY氏を置いて、日本酒に移行。ついでにレバ刺しも注文。

「この味噌、うまいですね」

どれどれ、と味噌キュウリをポリポリ。たしかに、いわゆるモロキュウかと思いきや、もろみ味噌とも普通の味噌とも違う、よくわからないけどおいしい味噌。さっき

の煮込みといい、味噌の使い方がうまいのでしょう。日頃、味噌に頼りすぎな味付けには不満を感じることが多いのですが、これは嬉しい発見。煮込みと比べるとガツ酢は全体的にやや水っぽかったものの、レバ刺しは及第点。ここらで、オーソドックス過ぎるけど、まあこんなもんだろ。

「レイアウトの件なんですが……」

食事は小休止して、本題の打ち合わせ。ビール一杯と日本酒一合、私、これくらいが一番打ち合わせしやすいんです。相手の編集者によっては、そう都合よくいかない場合も多いのですが、今日は大丈夫そう。

一安心したところで、食事の後半戦です。串《くし》もののお品書きの中から、私はナンコツ、鳥皮、カシラ、ピーマンチーズを注文。町の小さなモツ焼き屋にありがちな臭みはまったくなく、塩加減も丁度よい。特に鳥皮は脂《あぶら》が濃厚。これならタレで食べてもタレ負けしないだろうな。

〆に梅干しのおにぎりと、お新香盛り合わせを頼んで、二人で八千円強。まあ上出来だと思われたのですが、店を出て、Y氏はなんだか物足りない様子。

「フツーですね」

まあたしかに、普通と言えば普通。味も女将《おかみ》さんの応対も、ちょっと気の利いた小料理屋という感じで、特別感動的なホルモンに出会えるわけではない。でも、もつ焼きで普通って、けっこう珍しいんですよ。おいしくない場合は、本当においしくない。

大半の焼肉屋ではホルモンより正肉を頼んだほうが当たり外れがないし、大半の居酒屋ではもつ焼きよりネギマを頼んだほうが無難。感動的なホルモン（特に串系）を食べることは、ディープなオヤジの聖域に立ち入ることを意味する。フツウにおいしい、私はそこが気に入ってるんだけどな。

時に一人でホルモンを食べ歩いていると、やはりそこそこ珍しがられます。それをやり過ごす術《すべ》はある程度体得したけれども、たまにはフツウにホルモンを食べたい。Y氏には理解されないかもしれないけど、場違いだなーとか、女なのにスイマセンと意識せずに、ただ食べたい。その点『広』だと、若いのにお酒が好きなのね、程度で済むんです。

男をやるとか女をやるとか、具体的にはどういうことなのか。数年前に自分が発した言葉が、未《いま》だによくわかりません。よくわからないながらも帰り道、そういうことを考えては放り出して、内心一人で呟《つぶや》いてしまう。しゃらくせえ。（二〇〇七年十一月）

後日談：具体的には、酒場でオヤジの卑猥《ひわい》な冗談をいちいち受け流したりしていると、ふと、女やるのって面倒くさいなーって思います。セクハラとか別に何とも思わないけどさ、ほんと、ただ面倒くさい。ちなみにサブタイはもちろん中森明菜の『少女A』（少女って歳《とし》じゃないんだけどさ）。

広《ひろ》

最寄り駅　大井町

お店の都合により掲載いたしません。

部位 38

中央線ミステリートレイン

来年あたり、引っ越しを考えている。そんな話をしたところ、担当編集者ヤナパカが、

「西荻《にしおぎ》どうですか。安くておいしい店がたくさんあります。あ、今度ホルモン食べに行きましょうよ」

なんでも以前住んでいたらしく、オススメの焼肉屋があるのだとか。引っ越すかどうかはともかく、午後八時、西荻窪《おぎくぼ》の駅前で待ち合わせました。

ヤナパカは今も中央線沿線に住んでいる、中央線っ子。中野でもなく高円寺でもなく西荻こそが、一番中央線らしい街なのだと力説します。中央線らしさって?

「うーん、人が歩くスピードが、のんびりしてる気がします。昼から飲んでる人がたくさんいるし」

なるほど、わかるような気はする。昼から飲める、私にとっても、それはかなり重要なんだけれども。

「この辺、私が住んでた頃は、焼肉屋がたくさんあったんですよ。少なくなっちゃったな」

その西荻焼肉激戦区を制して生き残ったのが『縁《えん》』。見たところ、カジュアルな雰囲気の韓国系焼肉店、メニューもホルモン系が充実しています。ヤナパカには思い入れがあるらしく、

「この席、座ったなー」

ふむふむ、きっと男と来たんだね。後で詳しく突っ込もう。まずはビールで乾杯。ツマミはコブクロ刺し、レバ刺し、チャンジャ、そんなもんかな。あ、冷やしトマトと韓国海苔ももらおう。

「肉は頼まないんですか?」

うん、まずは下地を作りたい。それに、一緒に頼むと、刺身が七輪で温まっちゃうじゃん。

メニューに星マークが付いていたコブクロ刺し。頂上に盛られたネギをかき分ける

と、ポン酢に浸ったコブクロが出てきました。おお、生だ！　コブクロは刺しと言いつつボイルされていることが多いのですが、鮮度に自信があるのでしょう。添えられていたレモンを絞って、ぱくり。生のコブクロ独特のツルツル感、ネギのシャキシャキ感、食感のコラボが楽しい。

レバ刺しは、ごま油と塩というオーソドックスなタレと、おろしニンニクをプラスしたタレ、二つ揃《そろ》っています。臭みは全くないので、どちらでもオッケー。ねっとりしたレバ刺しとさっぱりしたコブクロ、交互に食べる喜び。両方頼んで正解だったね。

下地ができたところで、そして刺身系二皿が片付いたところで、いよいよ焼き肉に突入。韓国系なのでメニューはタレ味が中心ですが、口飽きしないように、最初は塩で攻めたいところ。私の意図を察して、

「ネギ塩豚トロ、ですかね？」

うんうん、それとごま塩ハラミね。あとマッコリ、お代わり。

基本的に焼き肉はタレより塩派なのですが、塩だったら何でもいいというわけではありません。タレが中心の焼肉屋で、あえて塩味を頼んでがっかりしたことも少なくない。どうかな、と思ったのですが、この店では取り越し苦労でした。豚トロの脂と塩がちゃんと一体化しているし、ハラミもジューシーで、ゴマの風味が香ばしい。一

皿六百円〜七百円くらいだし、たしかに、近所にこういう店があったら通うかもなあ。

一安心したところで、そろそろ看板メニューの壺《つぼ》漬け。カルビとハラミもあるけれど、ここはやっぱりホルモンでしょ。

「焼いてから、切ってください」

お店のお姉さんは流暢《りゅうちょう》な日本語で説明すると、手乗りサイズの壺にハサミを一丁刺していきました。こりゃ、なかなか本格的ですな。壺の中でトグロを巻いているホルモンを、トングでずるずる引き出して、網の上に円を描きます。

この手のホルモン、腸を切り開かないまま、チューブ状で出す店もあるのですが、この店は切り開いた紐《ひも》状。見た感じ、持った感じで裏表を判断して、なんとなく脂のついた面を上にします。少し焦《こ》げ目が付いた段階で、ハサミで一口大にチョキチョキ。ひっくり返して、軽く脂の面を炙《あぶ》って。ほら、焼けたよ。

「あれ、思ったより辛くない」

そう、真っ赤なタレに漬かっているわりに、甘い。ホルモンの甘味なのか、タレの甘味なのかわからないほど、うまく融合しています。このへんが壺漬けのなせる技か。こうなると白飯が欲しい。私が炭水化物メニューに目を泳がせていると、

「まだまだ店はたくさんありますよ。最近、ホルモンラーメンの店ができたらしいです」

ヤナパカ、頼もしくなったなあ。よし、じゃあ一旦《いったん》お会計。胃袋に余裕を持たせたものの、二人で一万千円くらい。これは二人ともけっこう飲んだってこと。

しかし、ホルモンラーメンは残念ながらお休み。炭水化物を諦《あきら》めきれず、やはりかつてヤナパカが通ったというカレー屋『メーヤウ』に向いました。深夜の店内に客は私たちだけ。キーマカレーとシーフードカレーを平らげ、ベジタブルカレーとライスを追加すると、

「どうですか、西荻、いいでしょう」

うん、たしかに住みやすそうではある。でも……。

「サトウさんは、中央線嫌いなんですね」

いや、そういうわけじゃない。学生時代はTシャツやフリーペーパーを店に置いてもらうために、よく一人で中央線に乗ったし、そもそもそういうことをするようになったのも、中央線カルチャーに触れたせいだと思う。人はのんびり歩いてて、昼から酒を飲んでいて。変態本屋やプログレ喫茶、かつてサブカルと言われていたものが、

おそらく今もある。

恥ずかしいことだとは思うけど、本当のところ私、お酒が飲みたいだけなんです。欲しいものとかあんまりないし、やりたいこともそんなにない。そういう自分のダメさ加減を、この街は許してくれそうだから。やっぱり中央線には、住まないようにしよう。

（二〇〇七年十一月）

後日談：焼き肉の後にカレー三杯、どうしてこの人達はこんなに食べるんでしょう。

ホルモン焼肉
縁《えん》 西荻窪店

最寄り駅 西荻窪
東京都杉並区松庵三-三八-一五-一〇二
〇三-三三三五-二四六六
一七時～二四時 無休

部位 39

食べられれば、それでいい？

すべての仕事は売春である。とJ・L・Gは言っている、と岡崎京子が昔、マンガのあとがきに書いていました。初めて読んだのは、中学生だったか高校生だったか、当然、仕事に就いたこともなければ、ゴダールの映画を観《み》たこともなく、へーそんなもんかね、と呑気《のんき》に読み流したように思います。

最近、近所の古本屋で、久しぶりにその本を手に取りました。百円か……。一応、印税システムのおかげで飯を食っている身としては、新刊本で買える本はなるべく古書で買わないことにしているのですが、ほとんど衝動でレジへ持って行ってしまった。別に、お買い得と思ったわけじゃないんだけど。

大江戸線新江古田駅から、住宅街を歩くこと十数分、秋雨に濡《ぬ》れる『やっちゃん』

という灯りを発見。雑誌やブログなどで見かける度に気になりつつ、行こうとするとお休みで、長らく行きそびれていたお店です。カウンターもテーブル席も既に賑《にぎ》わっていて、なるほど、こりゃいい雰囲気だね。生のキャベツと塩というシンプルなお通しで、我々もビールで乾杯。

あ、我々というのは、今日は大学の先輩ノブエさんと一緒です。先輩と言っても、私と同じ学部を卒業した後、哲学科の大学院を修了した才女。日頃、

「学問って何？」

「うーん、歴史だよね」

等々、何かと教えを乞《こ》うことが多いですが、ホルモン取材に付き合ってもらうのは初めて。というのも、

「食べられれば、それでいいと思う」

食べ物に対する関心が、著しく薄いのですね。他所《よそ》で聞いたら、ハナで笑い飛ばすかもしれないけど、この人が言うと、なんだかフェアなんだよなあ。

お品書きを見せても、ノブエさんは例によって、なんでもいいとのこと。じゃあまずは、刺身の盛り合わせとモツ煮込み。女将《おかみ》さんは醤油《しょうゆ》皿を手に、

「ワサビ、ショウガ、ニンニク、どうします？」

少し迷ったものの、ワサビ！　カウンターの上の冷蔵ケースには寿司屋《すし》のごとく、見るからに新鮮そのものの生肉と氷がぎっちり。ここはやっぱり、刺身を刺身らしく味わおう。

盛り合わせの内容は、馬刺、牛刺、ハラミ、レバ、豚のガツ、そして生ハム。臭みがないとか、全体的にしっとりしてるとか、生ハムが分厚い、などと書くのもクダラなくなるほど、どれも上物です。特筆したいのはレバ。脂がのっているのに、血の臭《にお》いがしない。ワサビ醤油どころか、何も付けなくてもうまいんです。むしろ醤油の付け過ぎ注意！　内臓に不慣れなノブエさんが馬刺や牛刺を積極的に食べている横で、レバ、レバ、レバ。リアクション薄い相手と一緒に食べて嬉《うれ》しかったのって、初めてかも。

煮込みはあっさり系の白味噌《しろみそ》風味。センマイやホルモン、ハチノス、一緒に煮込まれているのに、それぞれの部位の味がちゃんとわかる。豆腐も柔らかくて、

「おいしいね」

それだけかよ、という突っ込みはノブエさんには無用。大体、何を食べてもおいしいと言うことになっているのですが、お品書きに目を遣《や》っているところを見ると、少し興味が出てきた様子。何、煮込みハンバーグ？　牛と野菜の煮込み盛り合わせ？

どっちも煮込みだけど、どっちも捨て難い。

我々が相談していると、隣の常連さんらしきご婦人がにこにこ、紙とボールペンを手渡してくれました。なるほど、これで注文するのか。たしかに忙しそうだもんな。

よし、豚足と芋焼酎《じょうちゅう》も頼んでおこう。

ハンバーグは肉汁たっぷりのふわふわハンバーグ。サラサラしたデミグラスソースとでも言うべきか、煮込み汁が濃過ぎず、肉汁そのものの味がする。

牛と野菜の煮込みは、スジ肉やハチノスがゴロゴロ。間に、人参《にんじん》やトマト、じゃがいも、ニンニクが、やっぱりゴロゴロ。ルーの少ないビーフシチューなどと言うと、なんだかわかりにくいけど、もちろん褒め言葉です。汁に味を抽出するのではなく、肉や野菜にきっちりと味が凝縮されている。素材の良さもさることながら、どういう煮込み方してるんだろ。

しかし、山盛りの豚足を前に、頼み過ぎたことを悟りました。これは、かなり食べ応《ごた》えがあるぞ。他にも色々食べたいけど、ナンコツとネギ、串《くし》ものをわずか二本頼んで断念。二人で約一万円のお会計を済ませて、再び傘をさすと、ノブエさんは、

「おいしいお店でよかったね」

私の取材を慮《おもんぱか》っての言葉でしょう。もちろん、そうなんだけど……。それほど大

きなお店ではなく、既に常連さんで賑わっているのですね。満席で断られていたお客さんも何組かいました。ここで紹介して、今より客が増えたとしたら、このお店や常連さんにとっては迷惑だろうなあ。今は編集者として働いているノブエさんの考えを聞いてみると、

「それは、そうかもしれない。難しいよね」

そっか、やっぱ難しいのか。

飲食店の記事を書く人にとっては、よくあるジレンマでしょう。私だって、他人が書いた記事を読んで、店に足を運んでるし。おいしかったらおいしかったと書く、それが私の仕事です。でも、お店に迷惑をかけたくない、そっとしておくべきなんじゃないか。そういう感情をやり過ごすことが、自分に何をもたらしているのか、時々気になる。

すべての仕事は売春である。あのあとがきを思い出したものの、真面目《まじめ》に論じるなら、売春とは何かを考えなければならないのかな。それでも結局、比喩《ひゆ》は比喩でしかないんだけど。ノブエさん、どう思う？

「売春か、まあ、そういうところもあるよね」

うん。でもさ、あのマンガ、古本屋で百円だったけど、中身はやっぱおもしろかったよ。雨音が強くて、何となくそう言いそびれてしまいました。（二〇〇七年十一月）

後日談：連載の途中から、お勘定を済ませた後で事情を明かして、書かせて欲しい旨《むね》お願いするようになりました。喜んでくれるところもあれば、渋い顔をされることもある。開き直っても仕方ないし、心を痛めても仕方ないのだと、未《いま》だに思います。

やっちゃん

最寄り駅　新江古田
東京都中野区江古田一‐九‐九
〇三‐三九五四‐四九九七
一七時三〇分〜二二時
月曜、日祝定休

部位40

秋の信州、温泉療養の旅

友人のアイさんと、小旅行を計画しました。行き先は長野県上田。東京から一時間半くらいなのですが、以前も書いたとおり、アイさんは療養中の身。新幹線に乗るのは久しぶりです。

「お医者さんも、どれくらい動けるのか、どれくらい疲れるのか、試してみたらって。もしかしたら、途中ぐったりするかもしれないけど、気にしないで」

うん、とりあえず食べ物のことは私に任せて。アイさんはリハビリの一環、私はいつもの食べ歩き、互いの目的を達成しよう。

旅に必要なのはうまい飯と酒、それからできれば温泉。というわけで上田から車で三十分、無事上山田《かみやまだ》温泉に到着しました。旅装をといて、早速ひとっ風呂《ぷろ》。露天風呂に日も暮れて、そろそろお腹も空《なかす》いてきた。十一月の信州、夜はかなり冷えますが、どてらを羽織って、マフラー巻いて。足袋靴下に草履をひっかけて、いざ温泉街へ。『安兵衛《やすべえ》』は創業六十年、この界隈《かいわい》では一番古い焼き鳥屋です。カウンターもお座敷も、地元の人達で大にぎわい。平日だからか、浴衣《ゆかた》にどてらの客は我々だけ。少し照れながらも、私はビール、アイさんはウーロン茶で乾杯。カシラ、ハツ、鳥皮、モロキュウ、卓上にあった注文用のメモ用紙に書き込んでいくと、

「串のにくじゃがって、どんなだろう？」

たしかに気になる。よし、それも二本頼もう。メモ用紙をオカミさんに預けます。注文を待つ間、お通しの青豆をぽりぽり、野沢菜をしゃきしゃき。やっぱり信州、野菜がうまいなあ。

温泉街でどの程度おいしい焼き鳥が食べられるのか、実は当初は確信が持てなかったのですが、到着したハツを一口食べて、

「当たりだ」

さくっとした歯応え、にじみ出る脂《あぶら》。焼き鳥のハツって、こんなにうまかったっけ。カシラも鳥皮も砂肝も、全部塩で正解。潰《つぶ》したての鳥をその日に使い切る、ネットで調べた情報は、どうやら本当だった。問題は、にくじゃが。見たところ、一口大

のじゃがいもと玉ねぎをタレで焼いただけ。しかし、

「今一瞬、肉の味がした」

アイさんは驚愕《きょうがく》の表情。それって、肉じゃがのタレだからじゃない？　どれどれ……あっ、ほんとだ、肉の味！　よくよく見ると、透けるようなうっすらしたベーコンが、じゃがいもに巻いてあるのです。甘過ぎない醬油ダレと肉の風味に、じゃがいもと玉ねぎの甘み。なるほど、たしかに肉じゃが。旅先でこういうオリジナルな料理に出会うと、気分が上がるなあ。

よし、次はナンコツ、つくね、レバ、ネギマ、こんなもんかね。私がメモ用紙を手渡すと、全《すべ》てに「×２」と書き込むアイさん。うんうん、食欲があるなら大丈夫。最初はぶっきらぼうに見えたオカミさんも、地元の青年会のような団体客が片付くと、

「その浴衣、笹屋《ささや》？　笹屋に泊まってるんだ」

カウンターに腰掛けて、世間話モード。いいお店だね。お品書きに値段が書かれていないのが気になっていたのですが、一人当たり二千五百円くらい。や、安い。計算間違ってないそうです、念のため。私、熱燗《あつかん》何本頼んだっけ。

腹は膨れたものの、炭水化物は別腹。ホテルに戻る道を脇《わき》に入って、うどん居酒屋『古波久《こはく》』へ。この辺り、おしぼりうどんという郷土料理があるのです。お椀《わん》には、

大根おろしの絞り汁がたっぷり。そこに釜揚《かまあ》げうどんをよそって、味噌と鰹節《かつおぶし》とネギを好きなだけ入れて食べるというもの。浴衣の袖口《そでぐち》を気にしつつ、

「これ、家でもできそうだけど。辛味大根がおいしくないと、こういう味にはならないだろうね」

鉄鍋《てつなべ》からうどんを掬《すく》うアイさん。うんうん、でも一回は、家でも試したくなるよね。

空気が良いからか、度々入浴したからか。温泉ってどうしてあんなにお腹が空くのでしょう。翌朝、空腹で目を覚まし、ホテルの朝ご飯をきれいに平らげて、いよいよラストスパート。腹ごなしに善光寺の別院などをぶらぶらして、昼過ぎにJR上田駅に帰着。目指すはとんかつ屋『まんぷく』。

じつは行き先を上田に決めた一番の理由は、ここのとんかつ。口にする度にさくさくとほぐれる衣、噛《か》む度ににじみ出るロースの脂。これこれ、これが食べたかった。お、今日の味噌汁は大根とお揚げか。ビールぐいぐい、白米ぱくぱく。最後の一切れをソースで食べるか、塩で食べるか、悩むことの喜び。

しかも、ご主人の池田さん、ちょっとした知り合いなのですが、

「大井町なら〇〇。あと赤羽の××はもう行った？」

ちょくちょく東京に来てはホルモンを食べ歩いているホルモニアン。ランチ客が引けた後、メンチカツを突《つつ》きながら、都内のホルモン情報をしっかりチェック。短いながらも充実した旅だった。

帰りの新幹線、さすがにアイさんは少しぐったり。

「大丈夫、ゆうべあんまり眠れなかったからかも」

自分はちゃっかり取材まで済ませてしまったことで、なんだか気が引けて、つい不用意に詫《わ》び言を漏らしてしまいました。すると、

「どうして。来たくて来てるのに」

いつになく強い口調で否定するアイさん。うん、そうだよね、そうなんだけど。見栄《みえ》っ張りなのか、小心者なのか。人から何かしてもらうことや、人に迷惑をかけることが、私はけっこう恐《こわ》いのですね。それでしばしば、ごめんねとか、悪いねなどと言ってしまう。

彼女の荷物を持とうとしたり、休憩しようと言ってみたり。そういう細々したやりとりの中で、アイさんは短く礼を言うだけで、詫びる言葉はほとんど口にしませんでした。それが私は嬉しかったんだよな。

（二〇〇七年十一月）

後日談：『笹屋』は皇室ご一家も泊まったという由緒《ゆいしょ》ある宿で、一泊朝食付き一万円のプランだとオトク感たっぷり。個室の露天風呂を新調したのに、天皇陛下と皇太子殿下は普通の大浴場を好まれたとか、アイさんが番頭さんからこぼれ話を聞き出しているのがおもしろかった。あと、実際には焼き鳥屋からヤマさんも合流していて、『まんぷく』ではポークソテーもしっかり食べました。おいしかったね！

安兵衛

最寄り駅　戸倉
長野県千曲市上山田温泉三－一二－八
〇二六－二七五－一二〇六
一七時三〇分～二二時　月曜定休

古波久《こはく》

最寄り駅　戸倉
長野県千曲市上山田温泉一－四四－四
〇二六－二七六－二七八七
一八時～二三時三〇分
(日～二二時三〇分)　水曜定休

まんぷく

最寄り駅　上田
長野県上田市中央二－六－一四
〇二六八－二四－八一〇〇
一一時四五分～一五時、
一七時三〇分～二〇時三〇分
火曜定休

部位41

NO ALCOHOL, NO FUTURE！

将来についてはどうですか。時々取材を受ける側に回ると、必ずと言っていいほどそう聞かれます。その度に唖然《あぜん》としてしまうのは、何にも考えてない……。聞きたくなる気持ちはわかります。毎週ホルモンのことばかり書いて、一体何を目指しているのか。フリーライターなんぞ、やっていく自信はあるのか。

今のことだけで精一杯です、とか何とか言ってはみるものの、本当のところ、興味がない。結局、自分以外のものにはなれないし、自分の思いどおりになったことが、今までにあったのかどうかさえ、全く記憶にない。将来ね、少しは考えたほうがいいのかな。

赤羽にうまいやきとん屋がある。信頼できる筋から仕入れた情報を元に、トモコを

誘いましたた。彼女は横浜在住、赤羽はかなり遠いのですが、

「お誘い下さってありがとう。土曜日なら、ぜひ」

人のこと言えないけどさ、酒の誘いは断らないね。私の友人にしては珍しくコンサバが似合う淑女で、得意分野はスコッチ。しかし、誘えばオヤジ酒場にも喜んでついてきてくれる頼もしい飲み仲間です。

赤羽駅の北口から、多少迷いながらも歩くこと十分、年季の入った木造家屋の前に、老若《ろうにゃく》男女、十四、五人もの行列を発見。ここか？　あ、『焼豚　米山《よねやま》』って書いてある。開店前から、すごい人気だな。

六時十五分きっかりに店の灯りがぼんやり点《とも》ると、中からオヤジさんが出てきて、手際《てぎわ》よく店内に客を通していきます。中を覗《のぞ》くと、カウンター席のみ。我々の手前で一杯になってしまったのですが、

「外でよければテーブル出すよ。寒いかな」

ありがとうございます、私たち、飲めればなんでもいいんです。軒先に落ち着いて様子を窺《うかが》っていると、中の客は次々にホッピーを注文している様子。通常、氷を入れる場合が多いのですが、どうやらここでは焼酎《しょうちゅう》自体を凍らせているらしい。よし、黒ホッピー二つ！

カウンターとそこのお客さん越しに手渡されたのは、プラスチックの洗面器。トモコ曰《いわ》く、

「合理的ですね」

洗面器には、シャリシャリの焼酎が入ったグラスと、黒ホッピーの瓶二本、メモ用紙とボールペンも入っているのです。これに書いて注文するってことか。さすがは人気店、客あしらいに慣れている。

まずはあっさり煮込み、マカロニサラダ、お新香、ハラミ、チレ、カシラ、アブラ、うーん、一度に頼み過ぎか？　訂正しつつ、オヤジさんに紙を渡すと、

「今日は煮込み、ないんだよ。線で消してあるけど、代わりにマカロニサラダ、出そうか」

お願いします、あと肉豆腐も。ほどなくして出てきたマカロニサラダは、黒胡椒《こしょう》がつつり、完全におつまみ仕様の逸品。うーん、これは期待できる。最初の串《くし》が出てくるまで、かなり待たされたものの、

「これ、おいしいです〜」

お、トモコが語尾を伸ばしている。半生に火が通されたハラミは、柔らかくてジューシーそのもの。この時点で既に、東十条の『埼玉屋』状態。つまり、いくらでも待

つから、食べさせてください。

チレ、カシラ、ナンコツ、シロ、ネギロース。どれも新鮮なのはいわずもがな、部位ごとの焼き加減と味付けにも過不足なし。本当は、露天飲みなので、最初に煮込みで温まりたかった。今日はないと言われて、じつは内心かなりしょんぼりしていたのですが、うまけりゃオッケーよ。

特筆するなら、アブラとつくね。ブロック状のアブラの角には焦《こ》げ目がついて、面《おもて》はカリカリ、中から脂がジュワッ。表面の塩と脂が混じる瞬間、思わず笑顔。つくねは軟骨入り、黒胡椒のせいなのか焼き加減のせいなのか、異常に香ばしい。タレではなく、オヤジさんの勧めに従って塩にして正解。

串をリピートしたくなるのですが、串以外のツマミもうまいのだから、困ります。肉豆腐は肉も卵も豆腐もフワフワ、刻み海苔《のり》の風味が私好み。梅干しの紫蘇《しそ》とハラミを合わせたのがしそ和《あ》え、オニオンスライスとハラミと卵を合わせたのが卵和え。どちらも、酒が進むことこの上なし。中身、お代わりくださーい。

「ホッピー、入れ過ぎでしょうか。どのくらいで飲むものなのか、よくわからなくて」

いやいや、こんなもんでオッケーよ。今日はピッチが早いから、薄めに作ったほうがいいかもしれない。いつもは中身(焼酎)三杯に対して、黒ホッピー二本という飲み方をしてるんだけどね。いい心持ちになって、ホッピー初心者のトモコ相手にどーでもいい蘊蓄《うんちく》を垂れていると、

「あの、サトウさんトイレ行かれました？　ちょっと、おもしろいですよ」

トモコも酔っ払ってきたのでしょうか、何やら含み笑い。どれどれ。店の隣の小部屋の戸を開けると、中では四、五十代女性グループが大盛り上がり。ドア一枚隔てて用を足しながら、聞こえてくるのは、

「でも、あなた言い過ぎよお。あら、これおいしい、ねえ、これ食べた？」

「あらやだ、お酒もうないじゃない、あははははは」

軒先に戻って、トモコと顔を見合わせて、やっぱり含み笑い。オヤジ酒場というより、オバ酒場。

彼女たちと同じ年代になっても、私たちは……。ふと、そんなことを思いつきます。学生時代の飲み仲間の中には、いつしか会わなくなった人もいる。それはそれで残念なことだけど、あの頃はあの頃で楽しかったし、お互い何があるかわかんないし。

五千七百円という会計を済ませて、どうする、もうちょい飲んでく？　でも帰りが大変か。

「いえいえ。明日も休みなので、お気遣いなく」

うん、そう来ると思ったよ。私も彼女も、体を壊さない限りは一生酒飲みだろうな。それと比べれば、十年後、二十年後に同じ酒場にいるかどうかなんて、大した問題じゃない。それより、二軒目どこ行こっか。

（二〇〇七年十二月）

後日談：オバ酒場、ありそうで意外とない、もしあったとしたら確実に名店です。酒飲みのオバサンは、酒飲みのオジサンよりシビアだから。赤羽には朝九時からやってる居酒屋もあって、五十過ぎたらこういう街に住みたいよ。

米《よね》山《やま》

最寄り駅　赤羽岩淵
東京都北区赤羽一－六四－七
〇三－三九〇一－七三五〇
一八時一五分～二四時　日祝定休

部位42

一人ぼっちの大作戦

葛飾《かつしか》区立石の『宇《う》ち多《だ》』と言えば、ホルモン好きなら知らない人はいない、もつ焼き界の大御所です。この連載でも半年以上前に紹介したので、ご記憶の方もいるかもしれません。そのすぐ近所で『宇ち多』と人気を二分している店があるらしい、その名も『江戸っ子』。これはぜひ一度、ハシゴしなければ。

ハシゴ酒、ならぬハシゴホルモン。じつは前に一度、東十条で試みたことがあります。当然、できるだけおいしく、たくさん食べたい。そのときは、一軒目と二軒目の間に銭湯に行って、腹ごなしを試みたものの、効果はイマイチ。風呂《ふろ》に入っても、やはり一度食べたものはそんなに短時間には消化されない。今回はその教訓を生かして、再びレッツハシゴ。

午後一時過ぎ、京成立石駅からまっすぐ『宇ち多』に向います。平日は二時からなのですが、今日は土曜日なので正午開店、当然のことながら既に満席。五分くらい待って、中に入ることができました。

ウメ割りは、ほとんど生の焼酎なのに異様に飲みやすい、キケンな飲み物。まだこんな時間だし、今日はビールから始めよう、電車の中ではそう自戒していたのですが。煮染《にし》めたような店内に、やはり煮染めたような客がみっしり。一歩足を踏み入れると、どうもビールって気分じゃない。やっぱウメ割りでしょ。

こってり味噌《みそ》味の煮込みは、いろんな内臓が一緒くたになっています。その時々でよそわれる具が多少違うのですが、今日は、フワ（肺）が多めに入ってる！　その名のとおりのフワフワ感を存分に楽しんだ後は、やっぱりアブラ生。ボイルしたブロック状の脂身《あぶらみ》に、ちょっと甘めの酢醤油《じょうゆ》がよく合う。ゆうべ立石行きを思い立ったときから、これが食べたかった。

レバタレは、火が通っているのに半生かと思うぐらい柔らかい。全《すべ》てのネタに言えることですが、一切れ一切れが大ぶりで、しかも一皿二本。かなりのボリュームなのに、そしてもちろん、自分で食べているはずなのに、いつの間にかなくなっている。

ウメ割りをお代わりしつつ、シロ素焼きにお酢。くにくにの白肉をサッパリいただいて、とりあえず前半終了。酒的にも肉的にも、胃袋にはまだ若干余裕があるけれども、ここらで一旦《いったん》お勘定。千二十円、や、安い。安い店だと知っていたけれども、安い。

さて、ここからが腹ごなしタイムです。周辺をブラブラすると、ほどよくうらぶれた雰囲気の喫茶店を発見。隅のテーブルに陣取ると、おもむろに鞄《かばん》からパソコンを取り出して起動。『江戸っ子』開店まであと約三時間半、この喫茶店で原稿を書こうという寸法。

え、それが腹ごなし？　と思われるかもしれません。しかし、頭脳労働は確実にお腹《なか》が減ります。じっくりじわじわ、下手に運動するよりよほど減る。しかも、うまいホルモンと酒で身も心もリラックス、そして自宅にはない緊張感が功を奏したのでしょうか、なんかいつもより捗《はかど》るなあ。四時半を過ぎる頃には、胃袋は晩飯気分一歩手前、ホラね。と、ここまでは計画どおりだったのですが。

『江戸っ子』に到着したのは五時五分。しまった、もう満席だ！　外の待ち客は三人。しかし、回転率のいい『宇ち多』と比べて、こちらは居酒屋風。全面ガラス戸なので中の様子はよく見えるのですが、どの客も当然まだ始まったばかり、しばらく帰りそうもない。そうだよな、『宇ち多』のライバルだもんな、そりゃ開店前から並ぶよな。せめて一度くらい様子を見に来るべきだった……。

周到にお腹を空《す》かせていただけに、大ショック。肉の焼けるいい匂《にお》いに、ただ鼻をクンクンさせるだけ。策士、策に溺《おぼ》れるって、こういうこと？　適当に時間を潰《つぶ》して戻ってくるか、寒さに堪えて店の前で頑張るか、それさえも冷静に判断できません。列に並ぶともなく立ち竦《すく》んでいると、

「お土産できてますー？」

ご近所風の中年女性がガラリ戸を開けて、中のオヤジさんに声をかけました。ん、お土産？　その手があったか。

「すいませんっ、私もお土産お願いします！　アブラとナンコツとカシラを塩で、シロとレバをタレで、全部二本ずつ。あと、煮込みも包んでもらえますか？」
二、三十分待つよ、と言われたものの、いつ入れるともわからないまま待つよりは得策。そのまま家に持って帰ってもよかったのですが、
「もしもし、ヤマさん？　今、家にいる？」

こんなときは、やっぱり誰かに「お土産」したい。飲み仲間のヤマさんに電話をかけ、今日一日の愚行を打ち明けると、

「あはは。でも仕事捗ったならよかったじゃん」

まあねえ、でも仕事なら家でもできたのに。

師走《しわす》の夕暮れ、彼女の家に着く頃には、さすがにやきとんは冷めてしまいました。京成線と京王線、方角が全く逆だもんな。しかし、煮込みが入った新聞紙の包みを開くと、

「うわ、これ、チンしなくてもいいかも、新聞紙ってすごくない？　何かのときに使えるよ」

ヤマさんは新聞紙の断熱性を激賞。何はともあれ缶ビールで乾杯。白味噌風味の煮込みは『宇ち多』に負けず劣らずフワフワ。善光寺の七味をパラパラ、

「アー、出汁《だし》が利《き》いてる。もちょっと飲んでいい？」

どうぞどうぞ。遠慮なくいっちゃって。私はヤマさんが作ったほうれん草のソテーを摘《つま》むから。

もちろん焼きたてには及ばないのだと思いますが、レンジで温めたやきとんも、十分うまい。肉もさることながら、タレ自体の味も良い。これなら刺身も、ホルモン以外の居酒屋メニューもおいしいだろうなあ。

「これ初めて食べた。アブラか、覚えとこ」

一本七十円の串《くし》を手にブツブツ言いながら、自分でウンウン頷《うなず》いているヤマさん。まいっか、これはこれで。私も、独り言のように呟《つぶや》いていました。（二〇〇七年十二月）

後日談：普段、原稿を書くのは専《もっぱ》ら家で、パソコンは数えるほどしか持ち出したことがありません。この時は年末進行で、じつは相当切羽詰まってたんだけど。他人の目があるほうが怠けなくて済むというか、外で書くのもけっこうアリかも。

江戸っ子

最寄り駅　京成立石
東京都葛飾区立石七－一－九
〇三－三六九四－九五九三
一六時三〇分～二一時
日曜定休

部位43

果てしない肉の光

自分の金で酒が飲めるとか、他人から嫌われてもどうも思わないとか、大人になってよかったなーと思うことはいろいろあります。そのうちの一つが、一人で焼肉屋に行けること！

思えば、一人焼き肉について熱く語ったのが約一年前、この連載の初回です。ある程度ドン引きされることは覚悟の上だったのですが、その後「わかるわかる、やっぱ焼き肉は一人だよね」「大勢で囲んだ場合、肉が焦《こ》げたり余ったりするのが嫌だと常々思っていた」等々、意外にも共感の声が寄せられました。

とはいえ私とて、一見《いちげん》の焼肉屋にいきなり一人で訪れたりはしません。この店はお一人様オッケーと、既にわかっている店でのみ実行します。そしてそういう店は、一つあれば十分なんですよ。そう、大崎『池上線ガード下物語』。

平日の夜九時半、久しぶりに一人でこの店に向いました。一年間あちこちでホルモンを食い続けた末、それでもこの店の肉をうまいと思えるのかどうか。私にとっては、それがこの連載の裏テーマだったのです。

カウンターに着席して、まずはビール。ここのところ立て込んでいた〆切《しめきり》が、ようやく今日片付いた。ウー、空きっ腹にビールが染みるぜ。注文はズバリ、幻のホルモンと幻のミノ。あとナムルと味付き白髪ネギと韓国海苔《のり》ください。

肉が到着すると、ホルモンもミノも、まず二切れずつ網に乗せます。そして、食べたら食べた分だけ一切れずつ網の上に乗せていく、一人だとこのピッチコントロールも自由自在。間に喫煙休憩を挟むこともできるし、いつでも焼きたてが食べられるのが嬉《うれ》しい。オマケのように付いてくる餅《もち》（トッポキ）も、忘れずに、網の周縁にセット。こうすれば焦げないもんね。あとは、も〜えろよもえろ〜よ〜、と心の中で呪文《じゅもん》を唱える。

ホルモンは腸の皮を下に、少し焦げ目が付くくらいまでカリカリに焼き上げて、裏側は軽く炙《あぶ》る程度に留める。いざ、一口嚙《か》み締めれば、ジワ〜。脂と塩、やっぱ最強の組み合わせだ。

一つだけ、一年前と比べて、気になったことがあります。若干脂肪が少ない。もっと、肉厚のプルプルだったと思うんだけどなあ。もしかすると、私が他所《よそ》で脂肪たっぷりホルモンを食べ慣れたせいもあるかもしれない。あるいは、今日はたまたま仕入れがイマイチだったとか。いずれにしろ、かつて「ジュエル」と呼び習わしたほどの感動は、今日はありませんでした。それでも十分、うまいんだけどね。

ちなみに、ホルモンに脂肪がたっぷり付いていることは、鮮度の証《あかし》なのだそうです。鮮度が落ちたホルモンほどよく洗わなければならない。そして洗えば洗うほど、脂肪が落ちてしまう。連載開始当初は、脂肪の量は牛の個体差、体質によるものだと誤解していたのですが、上田のナイスガイとんかつ屋、池田さんが教えてくれました。

取材過程で得た豆知識を思い出しつつ、脂肪の量が一番すごかったのは、やっぱ三島の『川村焼肉ホルモン』だよな。僅差《きんさ》だけど、二位は京都の『アジェ』、あそこもすごかった。各地で食べ歩いたホルモンの記憶が走馬灯《そうまとう》のように駆け巡ります。思えば、たくさん食べたもんだ。

ちょっとセンチメンタルな気分に浸りながらも、ミノを返すことは忘れていません。各面きっちり焦げ目が付いたことを確認して、ジュッ。爆《は》ぜていた脂が、舌の上でかすかに音をたてた瞬間。おお、ここに感動があった！

多分、この店に行ったことのない人が想像しているミノとは、別物だと思います。チェックの切れ目が入った、イカのような弾力の平べったい肉片、それが普通のミノ。しかし、この幻のミノは、サイコロのようなブロック状、まず見た目が違う。焼く時も、サイコロを転がすように、じっくり焼くのです。

そして味、おいしいベーコンの脂身を分厚くして、その中に肉繊維をみっちり充実させたかのような歯応《はごた》え。噛めば噛むほど味が出る、唇から涎《よだれ》のように脂が漏れ出てくる。各地でミノ、もしくはミノサンドと呼ばれる上ミノも食べた。そのどれもが、この幻のミノと比べれば、味気なかった。一年前は、このミノがどれほど幻であるか、気づかずにいたよ。

この店、じつは連載中もちょくちょく、友人知人を連れて訪れてはいました。その場合多くは、私はホスト（網奉行）に徹するので、存分に肉そのものを味わっていたとは言い難いのですが、それでも薄々感じていたことがあります。それは、幻のホルモンと幻のミノ、両者の地位交替。

かつてはホルモンが高値安定、ミノはその日その日で多少の差があったのです。燦《さん》然《ぜん》と輝き続けるホルモンを心の拠《よ》り所としながら、ミノを食べ、今日は普通だなとか、今日は当たりだななどとミノ・レートを確かめながら食べたものでした。しかしここ数回訪れた限り、両者が逆転してきている。私の好みが変わっただけじゃない、初めて連れてきた人の感想を総合して考えた結果です。うーん、同じ店でもやっぱり、変わっていくものなんだろうなあ。

継続は力なりという言葉が相応《ふさわ》しいかどうかはよくわからないけど、食べ続けることでわかることって、やっぱりある。この連載ではなるべく毎週新しい店を開拓するよう努めてきたのですが、本当は私、同じ店に何度も通いたいんです。また来たいと思っても、いろんな店のホルモンを食べるのに忙しくて、その多くは再訪が叶《かな》わなかった。『池上線ガード下物語』はたまたま家が近いので、けっこう通えたけど。

〆にすいとんを食べて、お会計約六千円。ちょっとマッコリ飲み過ぎた。タプタプのお腹を片手で支えるようにして歩きながら、笑いがこみ上げてきました。一年間で充実したホルモンアーカイブを本格的に活用するのは、これからだもんね。ではまた、酒場で。

（二〇〇七年十二月）

番外篇 1

逆襲のセンセイ

去年の夏のことです。学生時代から世話になっているダーフク先生と、大阪の落語会場で行き合いました。私にとっては酒と文筆ととんかつの師匠です。この連載も応援してくださっていて、帰りに焼き肉をご馳走《ちそう》になりました。ご馳走になっといてナンですが、店を出るなり、

「で、何点だった？　五段階評価で」

えー、大人げないなあ、そういうことは面と向かって聞くもんじゃないっすよ。

「いいから。何点？」

うー。ダーフク先生のことは尊敬してるけど、ホルモンに関していいかげんな評価はつけられない。正直に、二・五と答えました。よほど悔しかったのでしょうか。しばらくすると、

「京都にぜひ、お連れしたい店がある」

師匠が弟子にリベンジを図る時点で、なんかどっかオカシイと思うのですが。

五月の夕方、仕事で用向きがあるというダーフク先生をおっかけ、京都にやってきました。大阪では不発だったものの、ダーフク先生は美食家としても知られています。京都でも白洲正子《しらす》が通っていたような料亭とご懇意にされていて、今日行く『安《やっ》参《さん》』も、そこのご主人の紹介らしい。南座の前で待ち合わせ、お店に向かう道すがら、

「あのー、やっちゃいけないこととか、あったら、今のうちに教えといてください」

一応、ジーンズは避け、襟のある服で来たものの、どうだろう、私みたいのが行っても大丈夫なんでしょうか。

「全然平気。フツウの店だから」

この先生のフツウは、普通とは限らないからなあ。店先に赤ちょうちんがかかっているのを見て、ちょっとホッとしたのも束《つか》の間《ま》、格子戸《こうしど》を触った感触が違う。わかんないけどさー、なんかいい木使ってるよ、絶対。

店内はコの字型のカウンターと、奥に座敷もある様子。かなり広めで、内側では

三、四人の板前さんと、どちらがおかみさんかわからないお姐《ねえ》さんが二人、テキパキと立ち働いています。壁にもテーブルにもメニューらしきものが見当たらないから、多分お任せなんだろうな。

「センセ、お飲み物は?」

ダーフク先生はカウンター越しに板長らしき人物と挨拶《あいさつ》を交し、ビールを頼みました。こういうときは、弟子が師匠に注ぐものなんでしょうけれど、気がつくと両手で盃《さかずき》を受け、師匠に手酌をさせている……。

のっけから文字通り恐縮しっぱなしだったのですが、やはり食べ物の力は偉大です。お通し、いやここでは先付けと呼ぶのかもしれませんが、ごろっとした胡瓜《きゅうり》の漬け物を齧《かじ》ると、気持ちが落ち着いてきた。なんでもいいから、肉、肉を食わせてくれ。

肝心のホルモンは、レバ刺しから。抹茶茶碗《ぢゃわん》のような容《い》れ物にどっさり入った九条ネギと、からしを、お好みでかけて食べることになっているらしい。見よう見まねで一口、

「お、おいしいです」

すいません、口下手で。でもそれ以外、何も言えない。よし、こういうときは態度で表そう。ネギをざくざく、慎重にからしを塗り、レバ刺しをノンストップでぱくぱく。

刺身の皿は使い回すことになっているらしく、ダークフ先生は空になった皿をカウンターの上に載せました。大きなまな板の上で、大きな肉の塊にさくさく包丁を入れる板前さん。その横で、皿を受け取ったお姐さんが、レバではない生肉を盛り、醤油《しょうゆ》をダーッとひと回し。

「ハイ、こちらはタンね」

一連の流れがすごくスムースス、こういうの、洗練って言うんだろうか。

後々、お店のホームページで知ったところによると、『安参』の創業は昭和二十三年。生肉に甘めの醤油を回しかけ、九条ネギとからしで、という独特のスタイルは、初代から続いているらしい。戦争中、初代主人が捕虜になった先で、フランス兵が生肉を調理して食べているのを見て、考案されたのだとか。

ヘルツ（ハツ）、ロース、ミノ、と五種類もの生肉を同じように食べ続けていると、口飽きしそうなものですが、どっこい、そうは行きません。ハツにはニンニクパウダーが、ロースには卵の黄身がかかっていて、ミノは例外的にポン酢か梅肉で供される。考えられてるなあ。

それに、肉がどれもしっとりしてるんですよ。刺し身なんだから当たり前じゃん、と思われるかもしれませんが、肉の水分と脂《あぶら》分の比率が正しいというか、舌に吸い付くようなしっとり感。食事を通り越して、これは嗜好品《しこう》だ。

酸味の効いたドレッシングで和《あ》えたサラダを挟んで、ロースステーキ。小振りにカットされているのが京都らしい。いや、京都らしさなんてわかんないけどさ。

「アナタ、もっと食べなさい」

ダーフク先生は、一切れ、二切れ箸《はし》をつけ、あとはゆったり、ワイングラスを傾けます。ふーん、みんな日本酒飲んでるのに。でも私も、赤ワインください。あ、肉も遠慮なくいただきます。

ところで、ここは祇園《ぎおん》です。ふと店内を見渡すと、向かい側では身なりのいいオジサンが女性二人に挟まれていて、その隣では、芸妓《げいぎ》さんが白髪の紳士にお酌している。言ってみりゃ、玄人《くろうと》が玄人、もしくは半玄人を相手に商売するお店なんだろうなあ。値段次第ではまた来たいなあと思ったけれど、こりゃ、何年後になるかわからないぞ。そんなお店で、

「センセ、お近いうちに」

「いってらっしゃいませ」

店先で口々に見送られ、丁寧に頭を下げつつも、少し恥ずかしそうに歩を早めるダ

ーフク先生。こういうとき、いい師匠を持ったなあと思います。別にエラい先生なんだろうってことじゃない。私の知らないところでも、ダーフク先生はダーフク先生なんだろうってこと。

近くのバーで、ラム酒をご馳走になりながら、

「先生、参りました。おいしかったです」

素直に頭を下げると、

「そう？　それはよかった。で、何点？」

うー、でもやっぱちょっと、大人げないっすよ。

（二〇〇八年五月）

安《やっ》　参《さん》

最寄り駅　祇園四条
京都市東山区祇園町北側三四七
〇七五-五四一-九六六六
一八時～二三時　日祝定休

番外篇 2

ガールズ・ネバー・クライ

京都『安参』でご馳走になった返礼に、ダーフク先生を港区白金《しろかね》のモツ焼き屋に案内しました。味も値段も雰囲気も、連載終了後に知ったもつ焼き屋のなかでは、一番のヒット。だったはずなのに、

「アナタ、これも食べなさい」

次々と、食べかけの串《くし》を私の皿に放るダーフク先生。リアクション悪いなあ。これじゃネタにならないじゃないか！

原稿を待ってくれている新潮社のアネモンヌに、言い訳がましく事情を説明したところ、

「話を聞いてるとおいしそうなのにねえ。じゃあもう一回、行ってみる？」

はい。ほんと、私はおいしいと思うんですよ。くそー。

もつ焼き屋と言えばオヤジ酒場の典型。白金なんてハイソな街に？　と不審がられるかもしれませんが、あるんですよ、『S屋』（仮名）という名店が。

「聞いたことある。たしか煮込みが塩味なんでしょ？　行ってみたいと思ってたけど、いつも混んでそうだったから」

さすが、アネモンヌは話が早い。煮込みって大体は醬油か味噌《みそ》、塩味ってだけでポイント高いっすよね。『S屋』の煮込みは、私が食べたなかでも三本の指に入ると思うんです。

「たのしみ〜。三軒茶屋にも塩味の煮込みを出すお店があってね、私のマイ・ホーム・ホルモンなんだけど」

白金商店街を歩きながら、アネモンヌからホルモン情報を手繰ること数分。明るくて清潔なカウンターに腰を下ろし、

「S屋カクテル、二杯！」

オリジナル酎《ちゅう》ハイはモスコミュール系。学生時代こそ、モスコミュールなんて軟派な酒だと思っていたけれど、ここ数年、深酒の中継ぎ投手として愛飲している身としては、なんとも馴染《なじ》みやすい。で、まずはやっぱり煮込み。

「……何これ、おいしいじゃん」

ですよね！　透き通った汁にシロやハツ元がふわふわ、その上に定番のネギ。まず見た目がきれい。肉を噛《か》み締めれば、じわ〜っとした塩味の奥から、臭みとは無縁のシロの甘味が到来。もちろん汁をごくごく。これ、ラーメンのスープにしてもうまいだろうなあ。

お店は午後五時開店、この日は六時半を回っていたので、コブクロやナンコツなど、いくつかの串ものは既に品切れ。お任せで頼むことにしました。まずはシロ。通常、臭みを消すためタレで出されることの多い部位ですが、タレはタレでもここのは逃げてない、攻めてます。お品書きに「スタミナだれ」と書かれてあるとおり、ニンニクとネギが漬け込まれた、甘辛い醬油ダレ。同じシロでも、煮込みは塩、焼き物はスタミナだれ、鮮度に自信がある上での、この攻め方。どうです？

「おいしいし、柔らかいよ」

私と同様、塩愛好家のアネモンヌも納得の表情。

続いてレバ。レバは焼くより生がうまい、焼くならベリーレア、と以前書きましたが、すみません、例外もあります。全体に火が通った瞬間に火から下ろしているのか、サクサクしてるし、フワフワしてる！　塩で、もちろん血なまぐささはゼロ。レ

バ嫌いの人にも自信と確信を持ってオススメできる。カウンター越しに、

「つくねです。ピーマン要ります？」

もちろんです。肉詰めのように生のピーマンでつくねを挟む食べ方は、最初に来たときにご主人が教えてくれました。これが癖になるんですよ。表面は塩で香ばしく、中はジューシー、時々ナンコツがコリコリ。口の中を肉で満たしながら、鼻からピーマンの香りが抜ける爽快感《そうかいかん》。口と鼻、両方あってよかったなあ。

次はガツ。タレ、塩、塩、と来て、タレ。といっても先ほどのスタミナだれとは違う、甘味のないさらっとした醬油ダレです。醬油を焼いたときの、あの素朴な香ばしさ、日本人なら誰でも郷愁を覚えるんじゃないでしょうか。あれが、ガツの淡白な味わいとよく合う。

ところで、焼き台の横には円筒状のタレの容器が三つ並んでいます。残り一つは、何ですか？

「これは、ちょっと甘いんです。お子さんが来たときにね」

このホスピタリティ、頭が下がります。塩で供されるタン、ハツを噛み砕きながら、

「都心でこれが食べられるなら、◯◯とか××とか、行かなくていいかも」

郊外のもつ焼き屋の名前を挙げ、ばっさりと評価を下すアネモンヌ。嬉《うれ》しいなあ、わかってくれて。まったく、ダーフク先生は、なんであんなに食べなかったんだろう？

大体、『安参』はたしかにおいしかったけど、一人一万円くらいするらしいんですよ。場所柄もあるだろうけど、うまくて安いのもホルモンの魅力なんです。『S屋』は、この味で、カクテルをがぶがぶ飲んで、一人三千円未満。お店もきれいだし、接客も気持ち好《よ》いし、女一人でも躊躇《ちゅうちょ》なく入れるし。思うに、ダーフク先生はもつ焼きはあまり好きではないのではないか。好きじゃないなら、そう言ってくれればよかったのに。あの食べっぷりは、二泊三日で八食ものとんかつを食べた人とは思えない。今度会ったら、問い詰めてやろう、と息巻いていると、

「追いつめちゃダメ！　男は小動物なんだから」

『S屋』唯一《ゆいいつ》の難点は、炭水化物メニューがないことです。もつ焼き屋ではそれが普通なんだけど、炭水化物好きとしては少し寂しい。そんな私の要望に応《こた》え、アネモンヌが恵比寿《えびす》の『しん』に連れてってくれました。

『しん』は、部位5『フレーゴリ』の姉妹店で、馬肉が充実した九州料理居酒屋で

す。馬刺し五種盛り、しゃくの唐揚げ、さつま揚げ、酒盗《しゅとう》、馬骨ラーメン。どれもおいしかったけど、特にタテガミ！　やっぱりタテガミ！　白肉の脂と九州の醤油、その甘味のグラデーションを味わいながら、

「でも、相手を追いつめないってことは、自分を追いつめることだと思うんですよ」

「それでいいの、こっちはタフなんだから」

ふっと、有明海の夕焼けが脳裏に浮かびました。見たことないけどさ。迷いなくそう言えるようになるまでに、一体どんな道を辿《たど》らなければならないのか……。

数週間後、ダーフク先生がじつはあの後、『S屋』を再訪していたことが判明。曰《いわ》く、

「あの日はちょっと、体調が悪かったんだよね〜」

だったらそう言って下さいよ、という言葉をぐっと飲み込みました。アネモンヌ、これでいいんですよね？

（二〇〇八年十月）

S屋（仮名）

最寄り駅　白金高輪
お店の都合により掲載いたしません。

文庫版あとがき

本文は『モーニング』二〇〇七年一月十八日号から二〇〇八年一月十日号に掲載されたものです。二〇〇八年に単行本としてまとめる際に加筆修正を行い、各話の「後日談」及び番外篇もその時に書き足しました。また文庫化にあたっては、『オール讀物』二〇〇九年六月号から東海林さだおさんの連載『男の分別学』を転載させていただきました。尚、本文中のお店の様子やお料理の値段は、執筆当時のままとさせていただいております。

どうしてホルモンだったのか。どれくらい食べ歩いたのか。単行本を出した後でしばしば質問されたことを思い出しながら、久しぶりに当時を振り返ってみたいと思います。

大学のゼミの同期生から、卒業後初めて連絡をもらったのが、五年前の春だったかと記憶しています。彼女は『モーニング』編集部に勤めており、漫画雑誌だけど漫画以外にも何かおもしろい頁《ページ》を作れないか、考えているとのこと。とにかく一度会お

うということになりました。池袋の居酒屋でモツ焼きを突《つつ》きながら、

「これさ、もっとうまい店があるんだよ。もっと脂《あぶら》がたっぷりで、塩気があって……」

「どんな店なんですか、そんなにおいしいんですか」

「焼き肉屋なんだけどね、どれくらいうまいかって言うと、一人で行っちゃうくらいうまい」

「サトウさんはホルモンが好きなんですか。他のお店にも詳しいんですか」

「いや、全然。でも他にもスゴイ店があるらしい」

たしかそんな話をしたと記憶しています。

割合的には男性読者が多いけれども、女性読者も増えつつある『モーニング』で、二十代後半の女性ライター（私）が何を書いたら、おもしろがって貰《もら》えるのか。一人焼き肉やホルモンという題材なら、良くも悪くもまずは興味を持ってもらえるのではないか。ホルモンを食べ歩いての企画ではなく、企画ありきで食べ歩きを始めた、というのが実情です。

編集長からゴーサインが出た後、いくつかのお店を訪れながら試し書き、どのくらいの文字数だったら漫画雑誌の読者の目に読みやすいのか、カラー写真など使えない

のだからお店ガイドではなく読み物路線を重視しよう、等々、全体の方向性が徐々に見えてきました。そうして走りだしたものの、私も編集部もこうした取材の勝手がわからず、連載中いくつかのお店にご迷惑をかけてしまったことは、本文でも記したとおり。いま読み返すと、若いからできたことと、若いからできなかったことが混在していて、微笑とも苦笑ともつかない、妙な心持ちです。

雑誌やインターネットでお店の情報を集めて、いざ訪れてみると思ったよりおいしくない、ということもありました。おいしいお店を見つけることよりはおもしろい原稿を書くことを重視したつもりですが、もちろんおいしい方が良いに決まっています。最初に狙《ねら》いを付けたお店で原稿を書くこともあれば、週に三つくらい別々のお店にアタックすることもありました。いちいち数えたわけではないものの、連載中の一年間で七、八十店くらい行ったかと思います。

そんなにホルモンばかり食べていて飽きないのか、と聞かれることもありましたが、ホルモンといっても千差万別。おいしいお店は何度でも行きたいし、逆においしくないと初めてのお店でも辛《つら》い。当り前ですね。

『悶々《もんもん》ホルモン』というタイトルや「ホルモンヌ」という呼称は、連載当時の担当編集者が考えてくれました。雑誌の連載を単行本化するときは、同じ出版社から出させていただくのが出版業界の慣例です。同じチームで単行本を作りたいという気持ちは私にも編集部にもありましたが、本として目指す方向性が食い違ってしまいました。モツ鍋《なべ》を囲みながら、本にはできないかもしれない、と私が弱音を吐くと、

「どんな形でも、絶対に本にするべきだよ。それがあなたの仕事でしょ」

取材に付き合ってくれた友人たちが叱咤《しった》、激励。それもそうだなと思い直して、新潮社出版部に企画を持ちこんだ次第です。

改めて、『モーニング』編集部の北本かおりさんと柳川英子さん、新潮社出版部の桜井京子さん、新潮社文庫編集部の大島有美子さんに、この場を借りて御礼を申し上げます。転載を快諾してくださった東海林さだおさん、『オール讀物』の石井一成さんにも。

近況。

「いつ死ぬかわからないんだから、飲める時に飲んどこう」

大きな地震の後、一番最初に付き合ってくれたのはヤマさんとオグリくんでした。トモコは女っぷりにますます磨きがかかり、アイさんの回復も順調で、最近はほんのり頬を赤らめながら酒にもつきあってくれます。タケさんはＤＯＫＡＫＡという名義

で音楽活動をしたり、福岡のラジオ局で番組を作ったりしているようです。

お店の方々へ。
ごちそうさまでした。

友だちへ。
また飲もう。

二〇一一年三月

佐藤和歌子

た

武ちゃん（東銀座）部位14
立呑屋（恵比寿）部位8
蒼生弥（福岡県・唐人町）部位26
天神ホルモン今泉店（福岡県・西鉄福岡〈天神〉）部位25
鳥小屋（中目黒）部位12
鳥田むら支店（新宿三丁目）部位6

な

新潟屋（東十条）部位20
肉のまえかわ（大井町）部位33

は

兄夫食堂赤坂本店（赤坂）部位23
広（大井町）部位33、37
フレーゴリ（恵比寿）部位5
ホルモン焼肉縁西荻窪店（西荻窪）部位38

ま

味珍（横浜）部位24
まんぷく（長野県・上田）部位40

や

やきとり処い志井東口店（調布）部位27
焼肉チャンピオン本店（恵比寿）部位7
安兵衛（長野県・戸倉）部位40
安参（京都府・祇園四条）番外篇1
やっちゃん（新江古田）部位39
山利喜新館（森下）部位32
米山（赤羽岩淵）部位41

登場お店リスト　＊(　)内は最寄り駅

あ

赤ちょうちん（新宿御苑前）部位35
秋田屋（大門、浜松町）部位９
アジェ松原本店（京都府・阪急河原町）部位29
あらた（大阪府・西中島南方）部位30
あらちゃん（学芸大学）部位13
池上線ガード下物語（大崎）部位１、43
宇ち多゛（京成立石）部位17、42
江戸っ子（京成立石）部位42

か

かっぱ（駒沢大学）部位19
カラチ（新宿）部位31
川二郎（中野）部位16
川村焼肉ホルモン（静岡県・三島二日町）部位18
きつねや（築地市場）部位28
𠮷美松（浅草）部位10、11
牛太郎（武蔵小山）部位２
げってん（学芸大学）部位36
幸永（東新宿）部位３
古波久（長野県・戸倉）部位40

さ

埼玉屋（東十条）部位４、20
さんだ（赤坂見附）部位22
正泰苑銀座店（東銀座）部位21
酔笑苑（神奈川県・本厚木）部位15
Ｓ屋（仮名）（白金高輪）番外篇２

東海林さだお×佐藤和歌子

ホルモン道入門

絵・東海林さだお

ホルモンのためならぼくは男を捨てていい

東海林さだお

ホルモン、というと大抵の人は、うん、あれね、などと言って頷《うなず》いたりするが、その実態をちゃんと把握している人は少ない。

一種のゲテモノと見なしている人も多く、物好きが食べるものであって、紳士淑女が相手にするものではないという認識の人も多い。

しかし紳士淑女の教養の源である広辞苑は、

ホルモン焼き〔豚などの臓物を小さく切って焼いたもの〕

と、ちゃんと相手にしている。

だが広辞苑を編纂《へんさん》するような人たちは、ホルモンの店にはあまり行かないらしく、この解釈は実態とかけ離れている。

ホルモンを愛好する人たちは、豚よりもむしろ牛のほうに重きを置いており、また

ホルモン＝臓物とは限らない。

今回、ホルモンについて指導を賜った佐藤和歌子氏によれば、ホルモンは臓物ばかりでなく、クツベラ（ノドの軟骨）、ミミ（耳）、シビレ（仔牛《こうし》の胸腺《きょうせん》）、オッパイ（乳房）、ツル（ペニス）、アブラ（頭の脂身《あぶらみ》）、タマ（睾丸《こうがん》）などもホルモンの範疇《はんちゅう》である、というか、むしろ神髄とも言うべき部分であるという。

この中の睾丸あたりは微妙なところに位置しているが、それ以外は明らかに内臓ではない。

でも、ま、ホルモンのアマチュアである一般大衆は、ホルモンといえば内臓、ということになる。

ホルモンといえば内臓、内臓といえば廃《すた》れ物という概念ができあがっている。

だがライオンは獲物を倒すと、まずまっ先に内臓にかぶりつくという。

内臓がいちばんおいしく、かつ、いちばん栄養があることを知っているからだ。

雄ライオンのボスは、内臓だけ食べてあとはファミリーにまかす場合もあるという。

いま人類は全地球的にエコの時代を迎えた。

いまや食糧に廃れ物はないのだ。

ホルモン見直しの時代がやってきたのだ。

時あたかも二〇〇八年の十二月、時代を象徴するような一冊の本が上梓《じょうし》された。

『悶々《もんもん》ホルモン』（新潮社）である。

その著者こそ先述の佐藤和歌子氏なのであった。

佐藤氏は慶應大学卒の二十九歳の独身女性なのであるが、骨の髄からのホルモン好きで、ホルモンのために女を捨てた、とさえその著書の中で告白している。

ホルモンの店には男でもなかなか一人では入りづらい。

だが佐藤氏は、コの字型のカウンターにオッサンが二、三十人並んでいるような店にも一人で入って行くという。

もちろん最初はかなり逡巡《しゅんじゅん》したが、いまやホルモン伝道師の自覚と使命感をもってホルモン屋めぐりをし、めぐった店はすでに四十四軒、そのレポートを綴《つづ》ったのが『悶々ホルモン』なのであった。

ぼくも昔からホルモン系の店には大いに興味があった。

ホルモンそのものも大好きなのだ。

居酒屋に行ってまず何をさしおいても頼むのがモツ煮込みだ。

だが一人でホルモン屋に入って行く勇気がない。

ここはひとつ伝道師のお導きによってホルモン屋巡りをしてみたい。

本誌のI青年を通じて弟子入りをお願いしてみると、よろしい、ということになった。

某月某日。夕方六時。場所下北沢。

「師匠、きょうはお引きまわしのほど、よろしくおたの申します」

「…………」

わが尊師はやや眠たげな表情で頷く。

冷静、沈着、物に動じないタイプとお見受けした。

本夕は、尊師がこれまで巡った店の中から気に入っている店に順番につれてってくださることになっている。

最初の店が下北沢の「秀」。

次が大崎の「池上線ガード下物語」。

「満席の店が多いので、その次の店はそのとき考えましょう」

二番目の「池上線……」は、尊師が心ひそかに「マイ・ホーム・ホルモン」と呼んでいる店で、心寂しいとき、落ちこんだとき、一人で行って食べて飲んでいるうちに救われるという店なのだそうだ。

一軒目の「秀」に行ったらまだ店が閉まっている。

尊師は冷静沈着に近辺を視察して「ここ」とのたまわれる。

「肉人《にくんちゅ》」という店で、尊師は初めての店なのだが、さすがに伝道師の嗅覚《きゅうかく》は冴《さ》えていて大正解の店だった。

いですか、この店の壁にズラリと並んでいるメニューを書きますよ。

ちれ刺、ブレンズ刺、塩テッポー、クッベラ、オッパイ、コリコリミックス、シビレ、ギャラ、ツラミ、せせり、コブクロ、コブモト、ハツモト……。値段はいずれも五百円位。

そして飲み物は、生ビール（三百八十円）、チューハイ（三百三十円）、ホッピー、どぶろく、乙焼酎《しょうちゅう》、生グレープフルーツサワー……。

先述のディープなホルモンのほかに、カルビ、ミノ、ロース、豚足などのメニューもあって、テーブルの上に炭火用の七輪、その上に大きな排気用エントツがあり、一見焼き肉屋風の店である。

尊師の指導のもと、ブレンズ刺、ちれ刺、オッパイ、クッベラ、ミミ、コブモト、ハツモトを注文。

もやし、冷トマト、焼き海苔《のり》もとる。

七輪で焼きながら内容不明のメニューの解説をしていただきながらいただく。

ブレンズは豚の脳みそ。白子そっくりでところどころにピンクの斑点《はんてん》があり、ドロッとしていて不気味なやつを酢醤油《じょうゆ》で生で食べる。

味も白子そっくりだがもっと濃厚。

ちれ刺は豚の脾臓《ひぞう》でレバーそっくりの味。

オッパイは豚の乳房。厚みが一・五センチほどあって、

「わりに豊満なオッパイです」

と尊師。

意外にもシャキシャキした歯ざわりで味もさっぱりしている。

クツベラ（豚のノドの軟骨。コリコリ）、コブモト（子袋。これもコリコリ）、ハツモト（心臓の大動脈。かなりの弾力）。

ミミ（耳）には驚いた。これまで食べてきた耳とはまるで違う。厚みのあるぶつ切りで脂肪たっぷり、コリコリと旨《うま》い。

いや、もう驚きの連続です。

初体験につぐ初体験。美味につぐ美味。

焼き海苔をなぜとったかというと、

「相の手にいいんです。肉、肉、肉と続く間にさっぱりした海苔でリセットする。ホルモン系の店にはほとんど置いてありますね、こういう韓国焼き海苔が」

尊師は生ビール、グレープフルーツサワー、どぶろくと続け、かなりお強いらしい。

そして大崎「池上線ガード下物語」へ。

「『池上線……』はわたしがホルモンに夢中になるきっかけになった店です。家の近所だったせいもあるんですが、びっくりするほどおいしいメニューがあって、『幻のホルモン』と『幻のミノ』というものなんです。これは誰もが、こんなホルモンがあったのか、と口を揃《そろ》えて絶賛します」

と、店に向かうタクシーの中でおっしゃっていたのだが「池上線……」は超人気店らしく超満員。

ここでも尊師はあわてることなく「それでは『池上線……』の姉妹店『テナム』へ」ということになった。

「テナム」は五反田にあるのだが、「幻のホルモン」と「幻のミノ」はメニューにあるという。尊師、テキパキと「テナム」を予約。

「テナム」はかなり大きい店なのだがここも満員。

しばらく待って入れたのだが、改めてホルモンファンの層の厚さに驚く。

ホルモンの店というと、おやじばっかりを想像しがちだが、どの店も若いサラリーマンが多い。

この店も七輪と金網で焼いて食べる方式。

「幻のホルモン」と「幻のミノ」は、メニューの中に正式の名前として「レバ刺し」「骨つきカルビ」「豚ナンコツ」などといっしょに並んでいる。

「幻のホルモン」は牛の腸で千円。

「幻のミノ」は牛の第一胃袋でこれも千円。

ちなみに第二胃袋は「ハチノス」、第三胃袋は「センマイ」、第四胃袋は「ギャラ」でこっちは七百円から八百円。

「幻の……」のほうは店の通の間では「マボホル」「マボミノ」と呼ばれていて、

「友人を連れて来て『マボホル』と『マボミノ』を食べさせると、誰もが、口の中で溶ける、と言うんです。腸とかミノとかは、ふつうイカみたい、とか、嚙《か》みにくい、とかいうでしょ、それが、溶けるって言うんですよ」

尊師のお言葉どおり、「マボホル」も「マボミノ」も、脂肪がたっぷりついていて、トロトロ、プルプルと口の中で溶ける。

口腹の口福、ここに極まる。

「結局鮮度なんですね。内臓はだいたい管状で、内側に白い脂肪がたっぷりついているんですが、新鮮でないのは臭みを取るためにどんどん洗うから脂肪がどんどん取れちゃう」

まったくもってホルモンの奥は深い。

今回取り上げたホルモンの外に、まだまだトンチャン、コブシン、ピストン、テッポー、マルチョーなどなど未体験のホルモンがあるという。

ホルモンのために、ぼくは男を捨てるつもりだ。

（漫画家）

ショージ君にホルモン免許を皆伝す

佐藤和歌子

東海林さだお氏は御年七十一歳、二十九歳の私から見れば、文筆業の大大大先輩です。しかしここは思い切って、ショージ君とお呼びしたい。なにしろショージ君は、ホルモン食いの北千家宗匠である私のもとに、弟子入りしたのだから。北千家宗匠、なんて言われてもサッパリ意味がわからない……ですよね。自分でもよくわかりません。だけど、弟子を迎えるからには何か看板が必要な気がするので、とにかくそういうことにしておく。

「ショージさんをホルモンのお店に案内していただけないでしょうか」

ある日、『オール讀物《よみもの》』編集部のIさんからそんな連絡を受けた。ホルモンを食べ歩いた私の本を読んでくださってのことだという。

「それはたいへん光栄です。ホルモンの店と云《い》ってもいろいろありますが、どんなお店がお好みでしょうね？」

「サトウさんの好きなお店に案内してほしいと、ショージさんは仰《おつしや》っています」

この時点では弟子入りのデの字も出ていない。待ち合わせは午後六時、下北沢。ノコノコ出掛けて行くと、

「師匠。師匠と呼ぶからね」

いきなりである。うつろに目を泳がせた先で、Iさんが無言で頷いている。ワタクシ、弟子はとっていませんから。言えるか？　言えないよなあ。

「……ハイ。よろしくお願いします」

弟子に頭を下げる師匠もないもんだけど、とにかくそういうことになってしまったのです。だから、ショージ君。それくらい、呼ばせてもらってもいいと思う。

一軒目は『肉人』、「にくんちゅ」と読むらしい。沖縄言葉で「島人」を「しまんちゅ」と読む感じね。と云っても沖縄料理ではない、七輪でいろいろ焼いて食べるスタイルのもつ焼き屋です。

もつ焼きと言うと、オジサンの食べ物というイメージが根強いかもしれません。しかし「うまい、安い、ヘルシー」ということで、最近は若者にも人気なんです。下北沢という土地柄から想像されるとおり、ここ『肉人』の店員さんもみな若く、黒地に店名がプリントされたTシャツを着用。BGMはヒップホップ。ま、今風ですな。

「とりあえず生、三つ下さい」

北千家宗匠、どっしり構えます。どっしり、構えたつもりだったのですが。ビールジョッキで盃《さかずき》を交すや否《いな》や、

「師匠、ホルモンとは何ぞや」

う。なかなかスルドイ質問だ。

「えーとですね、狭い意味では牛の小腸を指します。しかしもっと広く、心臓とか肝臓とか、牛や豚の内臓全般を指すことが多いです。だけど……」

私、脳みそや豚足、尻尾《しっぽ》もホルモンとして食べてるからなあ。

「……つまり、我が北千家では、正肉以外の食肉を総称して、ホルモンと呼び習わしているのです」

ふー、やれやれ。宗匠が一息つく傍らで、熱心にメモをとるショージ君。ヤだなあ、マジメな弟子って。

まずは煮込み三百円（大根入り）、チレ刺し五百円を注文。あ、冷しトマトともやしも下さい。すぐに出てくるものを頼んで、下地をこさえようという寸法。北千家ではもつ焼きを一つのコース料理として捉《とら》え、一人の為政者が頭から尻《しり》まで管理する、単独独裁政権が是とされています。ところが、

「師匠、ブレンズ刺しってのも、いいんじゃない？」

む、入門者のくせに……。

ブレンズというのは豚の脳みそ。魚の白子のように、ときにはそれ以上に美味だけれども、見た目は脳みそのまま。食べ慣れない人は抵抗感を抱きがちな部位なんです。何と言ってもショージ君は入門者、まずは初歩的な部位を指南するつもりだったのですが。ポン酢と小ネギでさっぱり和《あ》えたブレンズ刺しに、

「おいしいね」

むむ、既に実力は準一級くらいか。他の部位にも興味津々《しんしん》、

「オッパイ。オッパイってのは、オッパイだね」

メニュー片手に呟《つぶや》いています。オッパイはオッパイでも、豚のオッパイですよ。だけど世のオトーサンは、ときにそれを連呼するだけで嬉《うれ》しくなるものらしい。よし、オッパイ四百八十円、ついでにコリコリmix六百八十円も追加。

世の中にはマイクを持つと人格が変わるとか、寝てる間もプレステのコントローラーを離さないという人がいるそうですが、私の場合はトングです。焼き肉屋で使う、菜箸《さいばし》代わりのあれね。ひとたびトングを手にすれば、私の心は網奉行。

「まずは人数分を網の上に広げます。裏返したところで、また新しいのを人数分。一

度にたくさん広げ過ぎると、焦《こ》げちゃいますからね」

ちなみにコリコリｍｉｘの内容は、くつべら、みみ、はつもと、こぶもと。全部塩で味付けされています。

「師匠、くつべらってのは何？」

「豚の軟々骨って書いてありますよ」

「みみは耳だね。はつもとは？」

「心臓近くの大動脈……だったはず」

「こぶもとは？」

「コブクロ、つまり子宮の……奥の方じゃないですか、たぶん」

「じゃあさっきの、チレは？」

「……えーと、豚の脾臓です」

とっさに、メニューの説明書きに目を走らせた、そのカンニングはしっかり見破られていた。

「じゃあシビレは？　テッポーは？」

う、そういうことはあまり気にせず食べることにしてるんです。チレと云えば、あの、赤くてねっちりしてるけどレバより臭みがない、卵の黄身が良く合う、アレ。シビレはむっちりプリプリ、弾力があるけど歯触りはさっくり、甘辛系のタレで焼くと白いご飯が進む。味や食感を思い出せれば、十分じゃん。そう思っていたけれど。

「ダメだよ、ちゃんと勉強しないと」

ショージ君、ここは文筆業の大大大先輩の顔。だけどだけど、チレ（脾臓）にしろテッポー（直腸）にしろ、同じ呼び名でも豚だったり牛だったりするんですよ。シビレはフランス料理のリード・ボー（仔牛《こうし》の胸腺《きょうせん》）を指すこともあれば、仔牛に限定しないこともある。つまり、店や地域によって、呼び名って変わるんです。

「じゃあ、お店の人に聞きましょう」

ハイ、すみません……。なぜかIさんも一緒になって項垂《うなだ》れています。ショージ君、いやショージさんの文章に潜む、おそるべき探究心を垣間《かいま》みた気分。そう言えば、この人、納豆とかカレーライスを手づかみで食べたりしてたもんなあ。手づかみでホルモン。やだなあ、熱そうだもん。宗匠としての矜持《きょうじ》を喪《うしな》いかけていると、

「みみ、おいしいね」

ほっ。淡白なはつもと、肉厚なくつべらと比べて、みみはコリコリしつつもネットリ、コラーゲン豊富なのが特徴。

オッパイはプルンとしたサイコロ状。甘辛のタレで味付けされており、焼くとジワ

〜ッと脂《あぶら》が浮いてきます。ショージ君、ここでもやっぱり、

「オッパイ、いいね、オッパイ」

普段あまり大笑いはしないけど、ときどき美味《おい》しいものを食べるとニッコリする、それがカワイイ。事前にIさんからそう伺ってはいたけれど。これのことか！　よし、ショージ君、準一級から初段に飛び級だ。

二軒目はすぐ近くの『秀』。カウンターメインのもつ焼き屋です。本当は一軒目で行く予定だったのですが、開店時刻の関係で前後してしまった。

本来、初対面の人といきなり網を囲むのは、北千家の流儀に反します。なぜか？　初対面っていろいろ気を遣うでしょう。相手を気遣うあまり、肉が焦げてしまったり、肉を気遣うあまり、会話がおろそかになってしまったり。俗に言われているように、焼き肉デートを存分に楽しむカップルは、ある程度気心の知れた関係だと言って良いと思いますよ、私は。

話が逸《そ》れた。そんなわけで、初対面の相手とは串焼《くしや》きスタイルのもつ焼き屋に行くのがベストなんです。

『秀』でまず召し上がっていただきたい、いや私自身が食べたいのが、シマチョウのゆびき。ボイルした牛の大腸は、まっ白でほかほか。それを、ニンニクやショウガ、

ネギ、ゴマが入った醬油《しょうゆ》ダレに漬けて食べる。どうです？

「イケルね」

私はGF（グレープフルーツ）サワー、ショージ君はギネス。シブイというか、この辺りのチョイスに年の功を感じます。シマチョウをタレにつけつけ、

「ショージさん、私の実家ではずっと『毎日新聞』を取ってたんですよ。だから私、『アサッテ君』を見ながら育ったんです」

コレよ、コレ。本当はこういう会話から入りたかった。

「西荻《にしおぎ》学派、ドーダ学の権威としても尊敬申し上げております。あの、作家はよく何冊記念パーティーなんぞを催して『ドーダ！』しますけど、居酒屋が刺身五千切れ売ったからと云って『ドーダ！』しない、というクダリなんかは、本当にそうだなあと、ワタクシ、感動してしまって」

賢明なる読者諸兄は既にお気づきかもしれませんが、ここで私は、ショージ君に「ドーダ！」と言わせたい、そんな野望を抱いていたのです。ショージ君が提唱するドーダ学（『もっとコロッケな日本語を』所収「ドーダの人々」）によると、人間は誰しも「ドーダ！」したい。逆に、相手に気持ちよく「ドーダ！」させてあげれば、円滑にコミュニケーションがとれるはず。これ、俗に言う「ヨイショ」ですな。

ところが相手はやはりドーダ学の権威、なかなか「ドーダ！」と言わないのである。

「ふーん、そう」なんて具合に、涼しい顔でギネスをごくり。ムム。

こうなりゃヘルプ要員として、ミノキャベツ炒《いた》め、銀杏《ぎんなん》、スタミナ焼きを投入。それ、もう一押し、ヨイショ！

「だけどあれはショージ先生が仰るから説得力があるんですね。ワタクシなんぞが言ったところで、ただのヒガミにしか聞こえませんから。心密《ひそ》かに『ソーダ、ソーダ！』と頷《うなず》くだけで」

「そうだね、言わないほうがいいね。じゃあそろそろ次、行こっか」

ガクーッ。気がつけば、店内かなり混んできたのである。混んでる店では長居しない、それも北千家としてはモットーに掲げてきたはずなのに。

三軒目はところ変わって五反田、韓国焼肉屋『テナム』です。姉妹店、大崎の『ガード下物語』と並んで、私の本拠地と云っていい。最後にはホームで迎え撃つ、もうなりふり構ってはいられない。

到着早々、甕《かめ》マッコリを注文。酒量もそろそろかさんできたはずですが、

「シュワシュワしてて、おいしいね」

ショージ君、まだまだ余裕の表情。

「幻のホルモンと幻のミノ、一人前ずつ。それと、味付き白髪ネギ。こんなもんでいいですかね」

宗匠、かなり弱気です……。

おいしい肉は、見た目も美しい。北千家では輝く肉を「ジュエル」として称《たた》えてきました。この店のマボホルとマボミノは、その初代「ジュエル」なのです。最後の気力を振り絞り、再び網奉行としてトングを握ります。

「このピンク色のほうが内側で、白いのが外側です。ホルモンは牛の小腸、もともと管状なので、焼くと丸まってしまうんです。だから、内側をこんがり焼いて、外側の脂身は軽く炙《あぶ》る程度に。これが定石です」

ここでもさらさら、メモをとるショージ君。ほんと、ヤだなあ、マジメな弟子って。

「ミノと言えば、噛《か》み切れない、飲み込むタイミングがわからない、といった感想をよく聞きますよね。私の友人は、このマボミノを食べて『溶ける』と表現しました。かれこれ二、三十人は連れてきましたかねえ」

いかん、話がまた自分の「ドーダ！」になってきた。やはり網奉行と「ヨイショ」を並行するのは難しい。その弱点をつくかのように、

「師匠は一人でも来るんでしょ？　最初からそうだったの？」

これ、「ヨイショ」の「ヨ」です。つまり、ショージさんが自分の本をちゃんと読んでくれたってこと。私のような若造には「ヨ」だけで効果テキメン。

「いえ、最初は友人と一緒だったんですけど。あるとき、どうしてもこれが食べたくて、ついに一人焼き肉してしまったんです。ショージさんの名言『全身とんかつ家』を借りるなら、あのときの私は、まさに『全身ホルモン家』でした」

ショージ君は相変わらずマッコリぐびぐび、ペンをさらさら。宗匠はYK、つまり、やぶれかぶれ。年齢差からして、胃袋で負けることはないだろう、最終的にはそれだけを拠《よ》り所としていたのですが。〆《しめ》に頼んだ冷麺《れいめん》をずるずる、

「うん、さっぱりしてておいしいね」

ショージ君。キミに教えることはもう何もない。破門、じゃなくて卒業。北千家の看板を譲るわけにはいかないが、南千家として独立して、ともにホルモン界を盛り上げてはくれないか。つーかほんともう、カンベンしてください。

（『オール讀物』二〇〇九年六月号掲載「男の分別学」特別編より）

この作品は二〇〇八年十二月新潮社より刊行された。

悶々《もんもん》ホルモン

新潮文庫　さ-74-1

平成二十三年五月一日発行

著者　佐《さ》藤《とう》和《わ》歌《か》子《こ》

発行者　佐藤隆信

発行所　株式会社　新潮社

郵便番号　一六二—八七一一
東京都新宿区矢来町七一
電話　編集部(〇三)三二六六—五四四〇
　　　読者係(〇三)三二六六—五一一一
http://www.shinchosha.co.jp

価格はカバーに表示してあります。

乱丁・落丁本は、ご面倒ですが小社読者係宛ご送付ください。送料小社負担にてお取替えいたします。

印刷・凸版印刷株式会社　製本・株式会社大進堂

ISBN978-4-10-134361-7 C0195

2011/04/27